rororo

rororo

Ursula Richter, geboren in Rosenberg, damals Oberschlesien, lebt seit vielen Jahren in Hamburg. Die ehemalige NDR-Redakteurin ist heute freie Journalistin und gibt seit über zehn Jahren Weihnachtsgeschichten am Kamin bei rororo heraus, deren Gesamtauflage bei über einer Million Exemplaren liegt.

Gudrun Reher, 1950 in Hamburg geboren, hat nach langjähriger Arbeit im sozialpädagogischen Bereich ein Jura-Studium absolviert. Seit 1993 ist sie als freie Journalistin und Autorin u. a. mit Beiträgen für den Norddeutschen Rundfunk / Fernsehen tätig.

Ursula Richter / Gudrun Reher (Hg.)

Das Buch der Hundertjährigen

Rowohlt Taschenbuch Verlag

Originalausgabe
Veröffentlicht im Rowohlt Taschenbuch Verlag GmbH,
Reinbek bei Hamburg, Januar 2000

Umschlaggestaltung Susanne Heeder
(Foto: Archiv für Kunst und Geschichte)
Satz Garamond PostScript, PageOne
Gesamtherstellung Clausen & Bosse, Leck
Printed in Germany
ISBN 3 499 22676 6

Die Herausgeberinnen danken
allen Hundertjährigen, deren Freunden
und Verwandten für die Offenheit, Geduld und
Bereitschaft, sich für die Interviews zur
Verfügung zu stellen.

Inhalt

Einleitung

«Aber immer abends ein Schnäpschen», sagt Frieda Haenel, Jahrgang 1900. Ein Rezept, für dessen Erfolg wir nicht garantieren wollen, das aber zeigt, daß man nicht unbedingt ein asketisches Leben führen muß, um ein hohes Alter zu erreichen. Wer das letzte Jahrhundert in seiner ganzen Fülle erlebt hat, das Elend zweier großer Weltkriege, millionenfache Vernichtung von Menschen, Vertreibung und Flucht, die größten Gewalttaten in der europäischen Geschichte, wer an der rasanten technischen Entwicklung mit enormen Veränderungen von Lebensgewohnheiten Anteil hatte, der brauchte viel Glück, Mut, Zuversicht und genügend Lebenskraft, um nicht zu verzweifeln, nicht aufzugeben und um hundert Jahre alt zu werden.

Wir lassen Menschen erzählen, die im Jahre 2000 sagen können, daß sie in drei Jahrhunderten gelebt haben. Unsere Gesprächspartner sind im Kaiserreich aufgewachsen; sie haben die Weimarer Republik und die Diktatur erlebt, auch die Teilung des Landes und einige schließlich in der Bundesrepublik den Wohlstand kennengelernt. Sie haben die Kriege in unterschiedlicher Weise miterlebt, mußten Wirtschaftskrisen und persönliche Rückschläge ertragen.

Sie haben trotz mancher Krisen – oft in erstaunlicher und bemerkenswerter Weise – eine positive Lebenseinstellung und ihren Optimismus bewahrt.

Aus den Interviews mit Menschen, die hundert und mehr Jahre als sind, entstanden Porträts, Berichte und Erzählungen, die einen einzigartigen Einblick in den Alltag des 20. Jahrhunderts gewähren; das Panorama einer bewegten Epoche aus einer sehr persönlichen Sicht, eine «inoffizielle Geschichte», von Menschen erzählt, die sonst nicht im Mittelpunkt stehen, die in der Regel keinen Einfluß auf den Gang der Geschichte haben, die in keinem Geschichtsbuch zu finden sind. Aber sie sind es, die Auskunft über das Leben in unserem Jahrhundert geben können, über den Alltag, der das Leben ausmacht. Fast alle unsere Gesprächspartner haben uns freundlich und offen empfangen, freuten sich über die Möglichkeit, erzählen zu können, Vergangenes durch Worte wiederzubeleben. Aber auch schmerzvolle Erinnerungen tauchten auf, und zum Teil konnte nur stockend über Erlebtes berichtet werden. Häufig wurde über die Kindheit als die schönste Zeit erzählt; die Bilder der frühen Lebensjahre schienen bei einigen besonders klar, die Erinnerung an Mutter und Vater besonders lebhaft.

Auch wenn wir mit diesem Buch nicht mit Ratschlägen fürs richtige Altern aufwarten wollen, haben wir uns natürlich nach den Begegnungen mit den hundertjährigen Menschen gefragt, wie man so alt werden kann? Liegt es an gesunder Ernährung oder Wohlstand, am Humor oder einer positiven Lebenseinstellung, wie eine 1999 veröffentlichte Studie aus den USA festzustellen glaubt? Ist es, wie der Harvard-Forscher Thomas Perls nach den Gesprächen mit Hundertjährigen in Boston vermutet, keine Frage des Jungbleibens, sondern des richtigen Alterns? Er hat herausgefunden, daß Hundertjährige in ihrem wechselvollen Leben sehr gut mit emotionalem Streß umgehen konnten. Das können wir unterstreichen, die meisten unserer Gesprächspartner haben viel durchgemacht und mit einer positiven Einstellung das Leben gemeistert.

Eine genaue Zahl der in Deutschland lebenden Über-Hundertjährigen gibt es nicht, aber daß die Zahl zur Jahrhundertwende 1999/2000 zwischen 5000 und 5500 liegt, bestätigt der Hundertjährigen-Forscher Christoph Rott vom Deutschen Zentrum für Altersforschung in Heidelberg. Auch dort gibt es keine Patentempfehlung für ein langes Leben, aber eins haben die Befragungen ergeben, die meisten der Hundertjährigen haben selten das Frühstück ausgelassen.

Es ist uns aufgefallen, daß viele Menschen, die hundert Jahre und älter sind, gern und oft gesungen haben, interessiert an der Welt und dem Geschehen waren und zum Teil auch immer noch sind.

Wir glauben mit den sehr persönlichen Berichten unserer Zeitzeuginnen und Zeitzeugen einen besonderen Blick auf das 20. Jahrhundert eingefangen zu haben und danken allen, die zu diesem einzigartigen Zeugnis einer Epoche beigetragen haben, zu einem Jahrhundertbild, das im Januar 1900 im Deutsche Reich mit folgenden Schlagzeilen begann:

DIE DEUTSCHE WIRTSCHAFT IM AUFWIND. HINTER DEN USA UND GROSSBRITANNIEN STEHT DEUTSCHLAND WELTWEIT AN DRIT-

TER STELLE MIT SEINER INDUSTRIEPRODUKTION UND DEM EXPORT.

DIE INDUSTRIALISIERUNG VERÄNDERT RASANT WIRTSCHAFT UND GESELLSCHAFT.

DAS EISENBAHNNETZ WIRD IN DIESEM JAHR AUF 50000 KILOMETER AUSGEBAUT.

DAS BÜRGERLICHE GESETZBUCH (BGB) UND DAS HANDELSGESETZBUCH (HGB) TRETEN IN KRAFT.

AM SAMSTAG, DEN 27. JANUAR GIBT'S SCHULFREI, KAISER WILHELM II. WIRD 41 JAHRE ALT, DIE KAISERLICHE FAMILIE MIT DEN SECHS SÖHNEN STEHT IM MITTELPUNKT DES ÖFFENTLICHEN INTERESSES.*

Gudrun Reher / Ursula Richter

* Zitiert nach: Chronik des 20. Jahrhunderts, Hg. Bodo Harenberg, 9. ergänzte und aktualisierte Auflage, Dortmund 1988.

Ich bin ja aus dem Osten

Charlotte Voelkner

Jahrgang 1896

Ich kann nicht gut hören, immer habe ich prima gehört, aber jetzt geht es nicht mehr gut. Also bitte, laut sprechen. Gleich vorweg: Wissen Sie, die letzten zwei Jahre waren viel länger als die hundert Jahre zuvor. Ja, sehen Sie einmal, ich erkläre es gern. Damals war ich jung, und es tat sich viel. Es war abwechslungsreich, mehr als einem lieb war. Von der Kaiserzeit angefangen, dann die Kriege und so weiter …

Ich bin alt, nicht mehr so aufnahmefähig, und es passiert auch nichts. Es ist … früher lebte ich draußen, ich hatte Erlebnisse. Jetzt lebe ich von den Erinnerungen, daraus ergeben sich nachher Erfahrungen und Erkenntnisse … und zuletzt, wenn noch eine Erleuchtung kommt, dann bin ich reif zur Erlösung.

Ist sie nicht fein, diese Reihe? *Charlotte Voelkner sieht mich an und lacht.*

Meine Erinnerungen liegen weit zurück. Ja, bis – ach ja, eigentlich bis … noch vor der Schulzeit. 1904 bin ich zur Schule gekommen. Vorher war ich sehr oft in Berlin bei meiner Großmama. Das sagte man damals, nicht Großmutter oder Oma – um Gottes willen! Großmama mußte man sagen. Und diese Großmama, was wollt ich nun erzählen? Erinnerungen daran, gut. Zum Beispiel: Eines Tages führte sie uns auf die Straße, auf die Potsdamer Straße, eine Hauptstraße, und wir warteten auf irgendwas. Und da kommt was angefahren und die Großmama ganz aufgeregt: «Ihr Kinder, ihr Kinder, der fährt ja ganz ohne Pferd, und es schiebt auch keiner.» Das war die erste Straßenbahn. Sie wußte ja, daß es irgend so etwas gab, aber sie war doch erstaunt, daß ein Wagen von selber fuhr. Das war ... na ja, ich ging noch nicht zur Schule. Wann ist denn überhaupt der elektrische Strom erfunden, entdeckt worden? Das steht wohl heute alles im Computer, da müssen Sie nachgucken. Und dann gingen wir nach Hause und etwas später, wir kamen aus Schlesien, wir mußten von dem einen Bahnhof auf den anderen und fuhren mit einem Omnibus mit Pferden, das war das einzige Verkehrsmittel zwischen den Bahnhöfen.

Ich bin ja aus dem Osten ... Und wir kamen, wenn wir die Großmama besuchten, am Schlesischen Bahnhof an. Wir fuhren in einer Taxe, der Mann vorn machte nur eine Handbewegung, und die Taxe fuhr von allein. Das war auch ein Erlebnis. In der Kirchbachstraße 2 wohnte die Großmama. Das weiß ich noch genau. Die Wohnungen damals, ja, darüber könnt ich auch erzählen ... Noch in meiner ganzen Kindheit ging man mit einer Lampe von einem Zimmer zum anderen, und wir saßen im Dunkeln, wenn Mutter die Lampe brauchte. Elektrisch, das kam ja erst nach dem Kriege. Vorher war da noch das Gaslicht, da hatten wir noch eine Gaslampe.

Ja, Beleuchtung ist interessant, die Entwicklung der Beleuchtung. Vor allem zuerst, als wir mit der Kerze herumliefen. Soviel wie in den Jahren hatte die Feuerwehr nie wieder zu tun. Mein Bruder bückte sich mit der Kerze in der Hand und an die Gardine und husch, brannte es. Oder durch die komische Heizungsweise. Da war ja der Kohlenofen, der wunderschöne Kachelofen. Die Tür stand auf, Glut fiel heraus, und schon brannte es wieder. Bei uns brannte es alle paar Jahre. Und die Feuerwehr, wenn die durch die Stadt fuhr, oh! Natürlich auch mit Pferd und Wagen, ja, na klar, wie denn sonst? Es gab ja nichts anderes.

Kinder, ihr könnt euch das nicht vorstellen! Man mußte zu Fuß gehen oder zu Pferde reiten. Oder mit der Kutsche fahren. Und auch die Straßen, das Pflaster war auch interessant. Kopfsteinpflaster, ganz rund und uneben. Nachher war es abgeglättet, schönes Steinpflaster. Und dann kam etwas Komisches, wenn es geregnet hatte, höre ich meinen Vater immer: «Halt die Zügel stramm, die Pferde rutschen aus!», das Asphalt-Pflaster, ganz was Neues … ja, so war das. Pferd und Wagen, dann nachher das Auto … und dann, da kam doch noch der Luftballon. Der wurde aufgeblasen, bei uns vis-à-vis auf dem Kanonenplatz. Wir wohnten in einer wunderschönen Gegend, wohl in der schönsten in Posen.

Da war der Park, rechts die Garnisonskirche, wir waren Garnisonsstadt. Posen liegt in der Nähe der russischen Grenze und war daher eine sehr wichtige Stadt und eine wunderschöne richtig alte, ach, wie im Bilderbuch. Und dieser komische Straßenbelag, das war Asphalt, etwas völlig Neues. Oh, in dem Jahrhundert ist schon was los gewesen, aber so Kleinigkeiten interessieren die Leute ja nicht … Es war ja erst die wunderbare, wunderbare Kaiserzeit – was die Leute auch nicht zugeben. Ich bin ein

Preuße! Ihr auch? Ich will ein Preuße sein! Und die Mark Brandenburg!

Charlotte Voelkners Augen strahlen, begeistert erzählt sie und schmunzelt:

Die Mark existiert noch, der Euro ist jetzt schon wakkelig, wer weiß, was wird. Na ja, zurück.

Die Kaiserzeit. Und dann kam doch der Krieg, in Jugoslawien, in Sarajevo fiel der Schuß auf den Erzherzog Franz Ferdinand, 1914 muß es gewesen sein. Wir waren in den Großen Ferien, kamen zurück, und der Vater sagte: «Warum kommt ihr zurück, die Ferien sind doch noch nicht zu Ende?» Wir: «Ja, es hat doch in der Zeitung gestanden.» – «Ach was, das ist doch in Sarajevo!» Aber wir hatten ein Bündnis abgeschlossen mit Franz Joseph, Kaiser der österreichisch-ungarischen Monarchie, daß wir zur Hilfe kommen würden. Und was war die Folge?! Wir waren da und halfen. Eine Kriegserklärung nach der anderen kam von Frankreich, von England ... und jedenfalls war plötzlich aus der Monarchie die Anarchie geworden, im Handumdrehen. Und all die Siege, die wir schon gehabt hatten, waren nichtig ...

Und als der Krieg zu Ende war, war alles geflaggt, alles Schwarz-Weiß-Rot. Und wir gingen zum Bahnhof, weil die Väter, Brüder und Söhne zurückkommen sollten, weil der Krieg doch zu Ende war. Wir wollten sie vom Bahnhof abholen, und auf dem Weg dorthin kommt uns ein Zug, ein Aufmarsch entgegen.

Zunächst hörten wir Musik, Militärmusik?! Und die Soldaten wunderbar in Rot auf den Schimmeln, Rot und Weiß, und hinterher eine große Kutsche. Sie fährt an uns vorbei, die in die eine Richtung, wir in die andere.

Und auf einmal sehen wir, daß auf den Dächern und überall das Schwarz von den Fahnen abgeschnitten wird. Von unseren drei Farben Schwarz, Weiß, Rot bleibt Weiß und Rot. Weiß-Rot war die polnische Farbe. Wir waren mit einem Male polnisch! Keiner wußte wieso, warum? Dann um uns herum Polen, in diesen grauen Uniformen, in der Kriegsuniform, aber so kleine Kerle. Unsere Soldaten waren kräftig und groß. Die waren aus Kongreß-Polen. Sie waren reingekommen und hatten diesen Amerikaner eingeladen, der saß in der Kutsche. Oh, wie hieß er? Ein Musikliebhaber, ein großer ... Paderewski?

Jan Ignaz Paderewski, polnischer Pianist, Komponist und Politiker, geb. 18. 11. 1860 in Kurylówka, gest. 29. 06. 1941 in New York, Klaviervirtuose, lebte während des Ersten Weltkrieges zunächst in der Schweiz, dann in den USA. 1919 polnischer Ministerpräsident und Außenminister. Paderewskis Oper «Manru» wurde 1901 in Dresden uraufgeführt.

Den hatte man zu Sekt und Kaviar eingeladen, das konnten die Polen sich auch vom Osten holen. Und ihm haben sie weisgemacht, daß sie in der Überzahl wären, es gäbe viel mehr Polen als Deutsche in Posen. Das stimmte an dem Tage noch, unsere Deutschen waren in Gnesen aufgehalten worden, der Zug wurde nicht zurückgelassen, nach vier Jahren ... ach Gott, wenn ich an den Tag denke.

Nun können Sie sich denken, plötzlich alles polnisch! Aber das wirklich Komische, ja Lachhafte, was angeschrieben und plakatiert wurde, zum Beispiel Bekanntmachungen, konnten die Polen nicht lesen, denn wir Deutschen hatten den Kindern ja Deutsch beigebracht, und sie konnten kein Polnisch lesen.

Nun, am nächsten Tag wurden uns sofort die Pferde ausgespannt und weggenommen. Und der Bürgermeister erst einmal gekidnappt, wie nennt man das? Als Geisel gefangengenommen, und die höheren Personen, wer also konnte, machte, daß er schnell rauskam.

Denn es wäre ihm sonst wie dem Zaren gegangen. Oh, das war eine furchtbare Zeit. Und ich blieb mit dem polnischen Dienstmädchen zurück. Zwei Wohnungen, zwei große Haushalte mit Tieren, und alles mußte ich auflösen. Ich war einundzwanzig Jahre. Wenn ich daran denke, nächtelang geheult habe ich vor Heimweh, vor Kummer, ja …

Meine Mutter war, Gott sei Dank, einen Monat vorher gestorben, die hätte das niemals, niemals überstanden. Mein Vater fuhr mit dem Rest der Truppe nachts in einem Viehwagen weg, denn mein Schwager war gekommen und hatte gedrängt: «Sofort weg!» Mein Vater hat das deutsche Dienstmädchen gleich mitgenommen. Schrecklich.

Nun mußte man natürlich einen Extra-Ausweis haben, daß man rauskam. Also rauf auf die Polizeibehörde, immer wieder hingegangen, für die Möbel wieder einen Ausweis, und wieder anstellen. Gut, daß die Stascha da war, das polnische Mädchen, und dann kam der Möbelfritze, die Sachen mußten bis dann und dann draußen sein, ich selbst bis dann und dann, und es paßte nicht zusammen … Und er sagte: «Ich mache es, wenn Sie weg sind, Sie können sich auf mich verlassen.» Ich habe es nicht geglaubt, aber was sollte ich tun?

Also, ich dann endlich raus aus Posen. Ich hatte vom Vater ein Telegramm oder einen Brief bekommen: «Komm nach Liegnitz. Wohnung bekommen.» Ich komme dann nach Liegnitz in Niederschlesien und klingel und klingel. Und keiner machte auf. Bis eine Frau von oben kam und mir sagte, daß mein Vater krank im Lazarett in einem anderen Ort liegt ... Man muß einundzwanzig sein, um das zu schaffen. Ich komme dahin, da hat der Vater eine Lungenentzündung. Er hatte ein Hotel für mich besorgt, und wir hatten ein, zwei Tage Zeit, um alles zu besprechen. Ich mochte ihm gar nicht sagen, daß die Möbel irgendwo sind ... Kinder, ja. Das sind Erlebnisse.

Dann habe ich dort an der Mittelschule sehr schnell eine Stellung bekommen. Ich hatte gerade Examen gemacht, und ich hatte Glück, denn es waren viele Lehrer noch in der Gefangenschaft oder noch nicht zurück. Achtundzwanzig Stunden mußte man damals als Lehrerin arbeiten, klar, und alles unterrichten. Englisch, Französisch, Geschichte. Ach ja, dann war die Vertretung abgelaufen, und ich bekam ein Telegramm von meiner Schwester aus Harburg bei Hamburg: «Vertretung frei, sofort kommen ...» Also ich, so schnell wie möglich die Sachen gepackt. Meinen Vater mußte ich leider allein lassen. Und dann bin ich in Harburg geblieben. Als die Vertretung zu Ende war, bekam ich eine neue. Mittelschulen waren sehr gefragt. Bis ich eine feste Anstellung bekam, dauerte es zehn Jahre. Das ging allen so, da waren noch Begabtere, die mußten auch warten.

Mit dem Lehrergehalt konnte man als alleinstehende junge Frau ganz gut zurechtkommen. Ich war ja eigentlich nicht alleinstehend, weil mein Vater inzwischen zu mir gezogen war, und wir konnten davon leben. Im Gegenteil: Weil wir keine Wohnung kriegten, sind Vater und ich einem Bauverein beigetreten und haben gebaut.

Leider starb Vater nach zwei Jahren, und ich saß da mit den Hypotheken. Ich bin zu meinem Schwager: «Was mach ich bloß? Die Hypotheken sind gekündigt, bis dann und dann soll ich das Geld ...» Ich war verzweifelt, und er sagte nur: «Weiß ich nicht, verstehe nichts davon, mußt sehen, wie du fertig wirst.»

Das war noch lange vor dem Hitler-Krieg, als der Vater starb. Ein Glück! Denn mein Vater wäre darauf reingefallen, auf Hitler, das glaube ich, weil er Zucht und Ordnung liebte. Es war diese Zeit, herrje, wenn bloß jemand käme, da war doch Hindenburg ... So, jetzt habe ich genug.

Charlotte Voelkner ist sichtlich erschöpft, aber kaum ist das Tonbandgerät ausgeschaltet, macht sie sich doch wieder bereit.

Hier werden ja alle Frau genannt, ich kann das nicht. Frau Voelkner, das ist meine Mutter, ich bin Fräulein Voelkner.

Und hoffentlich haben Sie alle wichtigen Themen des Jahrhunderts schon beim Wickel! Wichtig ist zum Beispiel: Die Mondfahrt, der Besuch des Mondes. Und dann der Zeppelin ... Ach Kinder, schon allein die Entwicklung der Bewegung: Pferd und Wagen, zu Fuß, per Straßenbahn und Auto. Dann das Flugzeug, erst der Eindekker. «Ich glaube, da oben fliegt eine Taube», habe ich gesagt. Und dann der Doppeldecker und der wunderbare Zeppelin. Gerade, als meine Mutter für fünf Mark mitfliegen wollte, war er kaputt. Die kamen nach Posen, weil wir die große Rennbahn hatten und sie dort so gut landen konnten. Meine Mutter wollte beim nächsten Mal mitfahren.

Ja! Der Zeppelin war doch wunderbar, wir hatten extra

eine Zeppelin-Halle. Später haben wir den Zeppelin einmal in Hamburg gesehen, wir saßen oben in Blankenese, wo man so schön runtergucken kann, und da kommt völlig unangekündigt über die Elbe ein Zeppelin rein und landet im Wasser. Das war ein Erlebnis.

Und dann die vielen, vielen Flugzeuge, die gebaut wurden. Die brauchten sie ja im Krieg für die Bomben. Ich war während des Zweiten Krieges in Hamburg. Das war eine schlimme Zeit, schlimmer als der Erste. Ja, doch. Durch das Moralische, Ethische: Die Verfolgung der Juden, man hörte es ja immer bloß. Selbst im Kollegium mußte man sich umgucken, wir sagten, der deutsche Blick, kannst du hier reden oder nicht? Die paßten ja so auf, die Hitler-Leute, ob man dagegen war oder nicht.

Ich bin politisch gar nicht interessiert, nein. Ich habe mich nur über den dämlichen Kohl geärgert, sonst bin ich politisch nicht interessiert. Ja, was soll man machen. Die ewig neuen Wahlen …

Was war wichtig in meinem Leben? Der Glaube vielleicht? Die Kirche war ein bißchen … man müßte sie wachrütteln, an die Zügel nehmen, so ruck, ruck, ach, die sind so eingeschlafen! Wichtig für dieses Jahrhundert sind Computer, Fernsehen, Radio, es hat schon eine Menge gegeben, technisch wichtig … das Telefon … ach, denken Sie doch ein bißchen nach. Ich war und bin Lehrerin, ich habe 41 Jahre lang in der Schule das Thema vorgegeben, aber erarbeiten müssen es die anderen! *Charlotte Voelkner lacht.* Einmal Lehrerin, immer Lehrerin!

Es sollte endlich etwas allgemein für die Tiere getan werden. Nicht so sehr für Hund und Katze, aber das Schlachtvieh, haben Sie das mal gelesen? Das ist doch furchtbar! Ich bin in mehreren Tierschutzvereinen, aber es muß international etwas gemacht werden. Die Leute können in ihrem eigenen Land schlachten, nicht die Tiere über zwei, drei Grenzen bringen, und dann noch in der Sonne in Italien stehenlassen. In der Hitze. Das Vieh kriegt nichts zu trinken, unterwegs nichts zu fressen. Die Schwachen fallen runter und werden von den anderen zu Tode getrampelt. Tut endlich etwas, tut etwas Gutes mit eurer Zeit, mit euren Zeitungen und Zeitschriften!

Ach, das macht mich ganz ungeduldig, man muß sich aufregen. Muß man doch … die Katze läßt das Mausen nicht und die Lehrerin das Belehren nicht, man muß einen Anstoß geben. Aber ihr müßt mitmachen. Die Zeitungen, die Medien haben viel in der Hand, aber wer liest heute noch, die gucken nur … na, das ist auch wieder so etwas …

Heute muß die Frau mitarbeiten, die Kinder kommen in den Kindergarten. Ja, das ist bequemer, ach nee.

Ich habe auch nicht die klassische Rolle gelebt, bin immer sehr eigenständig gewesen. Ja, ich. Es gibt eben ganz wenige Berufe, die einfach in der Hand der Frau liegen. Das sind zum Beispiel die Pflegerinnen hier im Haus und Lehrerinnen. Ich habe es nicht wegen des eigenen Geldes gemacht. Nein, meine Großmutter legte mir, als ich noch ganz klein war, die Hände auf meine Schultern und sagte: «Dies Kind muß Lehrerin werden.» Ich höre noch ihre Stimme. Na ja, ich bin Lehrerin geworden. Ob ich es einmal bereut habe? Nein, ich hätte nicht den ganzen Tag sitzen und tippen mögen und heiraten, wozu?

Und dann kommt natürlich dazu, es ist nicht der Richtige gekommen. Das will ich ganz ehrlich sagen: Es war der Krieg, unsere Jungs, die Tanzstunde hatten wir gerade gehabt, und dann kam 1914 der Krieg. Erst wollte ich immer einen Mann haben, zu dem ich emporsehen konnte, geistig und auch in der Größe. Ausgerechnet mein Tanzstundenherr war ein ganz kleiner Kerl wie ich selber. Und blond war der, und ich wollt einen Dunklen haben. Aber er wollte Pastor werden, hätte jedoch jemanden wie mich genommen. Später habe ich mal gesagt: «Lieber einen Spatzen in der Hand als die Taube auf dem Dach.»

Ja, was ist aus ihnen geworden, aus unseren Jungs?

Ich habe die Kriegsgräber bei Verdun mal gesehen, die deutschen Kriegsgräber ... eine Fläche, ein Riesenfeld nur mit den einfachen Kreuzen, alles deutsche Soldaten. Da waren unsere Jungs dabei ... vorbei.

Ach ja.

Die hundert Jahre sind schneller vergangen als diese letzten zwei langen Jahre. Und die Nächte hier sind so lang, um zwei, um drei ist die Nacht zu Ende, und die Schmerzen fangen an, der Körper hat seine eigene Uhr, um sechs denke ich, jetzt müssen andere Leute auch auf, meckere nicht.

Meine Heiterkeit, mein Humor hat mir immer geholfen. Mit fünfzig Jahren habe ich den Führerschein gemacht, bis fünfundachtzig bin ich dann gefahren, zum Wochenendhaus mit dem Hund, immer ein Dackel.

Ich war immer die Kleine, immer einen Kopf kleiner als andere, immer das Püppchen, ich war die letzte, der Nachkömmling, zehn Jahre nach meiner Schwester ... ich war, glaube ich, ein unangenehmes Kind. Ich war naseweis, weil ich immer mit Erwachsenen zusammen war, mischte mich immer mit rein. Jetzt habe ich ja Zeit, auch über mich einmal nachzudenken. Das ist eines von meinen Worten:

Erkenne dich selbst, nimm dich mal ganz auseinander, wie warst du als Kind, warum hast du dies und das getan, warum mußtest du in der Schule immer die Erste sein, war das Ehrgeiz oder Eitelkeit oder was? Erkenne dich selbst!

Macht das mal alle, versucht das mal. Ganz ehrlich mit sich, ich muß mir immer einen kleinen Schubs geben. Halte Maß in allen Dingen, in der Arbeit und in der Faulenzerei, in der Liebe, in der Ablehnung.

Ich habe hier noch ein paar Zeilen, ein guter Rat. *Charlotte Voelkner greift zu einem Buch, das der Pastor bei einem seiner Besuche mitbrachte, nimmt die Brille zur Hand und liest.*

Möge dir deine Zufriedenheit erhalten bleiben,
möge sich öffnen, was dir bisher verschlossen,
möge sich bessern, was dich belastet,
freue dich dessen, was dich beglückt,
und wo ein Unglück vor der Tür,
gehe vor ihm nicht gleich in die Knie,
hebe die Steine auf, die dir im Wege liegen,
und wenn sie zu groß sind, gehe um sie herum.

Charlotte Voelkner klappt das Buch zu. Das soll von Goethes Mutter sein. So, und jetzt trinken wir noch ein Gläschen Rotwein miteinander.

Gudrun Reher

«Angler Muck» – der geht ganz schön in die Beine

Emma Asmussen

Jahrgang 1898

Emma Asmussen ist an einem stürmischen Weihnachtstag 1898 geboren und hat ihr ganzes Leben in Angeln verbracht, wie man den Norden von Schleswig-Holstein nennt, zwischen Schlei und Flensburger Förde, an der Grenze zu Dänemark gelegen.

Seit ihrer Hochzeit mit sechsundzwanzig Jahren wohnt die Landwirtin nur einen Steinwurf weit von ihrem Geburtsort entfernt, im Nachbardorf Roikier. Es entsprach der Sitte der Angeliter, nicht in die Fremde zu heiraten, und daran hat sich auch Emma Asmussen gehalten. Noch immer lebt sie, nun allein mit ihrem schwerkranken Sohn Johannes, in dem einst reetgedeckten, rot geklinkerten Bauernhaus. Ihr Mann ist 1970 an einem Herzinfarkt gestorben.

«1905 kam ich in die Schule», erzählt Emma Asmussen, in die alte Schule in Dollerup, die 1847 erbaut wurde und seit 1970 ein Privathaus ist: «Die Mädchen gingen acht Jahre zur Schule, die Jungen neun. Wir wurden von zwei Lehrern unterrichtet. In einem Raum waren die Klassen Eins bis Vier untergebracht, im anderen die Klassen Fünf bis Acht und Neun.»

Die Lebensschicksale der Mädchen und Jungen waren um die Jahrhundertwende weitgehend vorgezeichnet. Ihre Zukunft lag da, wo sie herkamen: auf dem Lande. Seitdem hat sich viel verändert. Ihre Tochter Inge Maria ist, wie ihr Sohn Johannes, in der Landwirtschaft tätig, aber die Enkelkinder schon nicht mehr. Eine Enkelin arbeitet als Betriebswirtin in einem großen Konzern, eine andere als Richterin in Rostock. «Unsere Kinder konnten, anders als wir, das Gymnasium besuchen, danach haben wir ihnen eine gute Ausbildung ermöglicht», ergänzt Emma Asmussens Tochter Inge.

Emma Asmussen mußte gleich nach der Schule, mit fünfzehn, eine Stelle bei einem Bauern in der Nähe antreten. Dort lernte sie die Haushaltsführung eines großen Hofes: «Ich mußte praktisch alles machen, das Kleinvieh betreuen, die Hühner, Gänse und Enten füttern, die Ställe sauberhalten und die Tiere schlachten. Ich lernte auch säen und den Gemüsegarten bepflanzen. Nachdem die Früchte geerntet waren, mußte ich sie auch einkochen.»

An ein besonders aufregendes Erlebnis erinnert sie sich noch heute. Ein zwanzig Meter langer Walfisch war im März 1911 an der Küste der Förde in der Nähe von Westerholz gestrandet. Das zwanzig Meter lange Tier war eine Sensation und zog Hunderte von Schaulustigen aus allen umliegenden Gemeinden und Städten an.

Mit dem Ausbruch des Ersten Weltkrieges 1914 kam der erste große Einschnitt in Emma Asmussens Leben. Die jungen Männer aus den Dörfern drängten begeistert zu den Mobilmachungsplätzen und meldeten sich freiwillig zum Kriegsdienst. Die Begeisterung war aus heutiger

Sicht unvorstellbar groß. Sogar der Pastor aus Adelby zog mit zweiundfünfzig Jahren noch die Uniform an, er fiel zwei Monate nach Kriegsbeginn in Flandern. Nach und nach wurden alle Männer eingezogen, zuletzt blieben nur noch Frauen, Kinder und alte Leute zurück.

Zu Beginn des Ersten Weltkrieges rechnete man damit, daß Angeln von Dänemark aus zum Kriegsschauplatz werden könnte: «Es kamen viele Soldaten in unsere Dörfer, die hielten Übungen ab. Die Eisenbahnbrücke bei Lindaunis mußte bewacht werden. Bei Missunde wurde eine Brücke über die Schlei gebaut. Später mußten wir die Verwundeten versorgen. In Schleswig und Flensburg gab es Lazarette, für die wir Pakete mit Eiern, Butter, Milch und Fruchtsäften packten. Wenn Verwundete auf die Höfe kamen, wurden sie reichlich bewirtet.»

Die Frauen trugen die Hauptlast in der Landwirtschaft, unterstützt von polnischen Kriegsgefangenen. Der Erste Weltkrieg bestimmte die ganze Jugend von Emma Asmussen. «Einmal», so erinnert sie sich, «erhielt ich die Aufgabe, alle Gegenstände aus Kupfer, Messing oder Bronze auf dem Hof zusammenzusuchen, die wurden für die Waffen gebraucht.» Bald hatten die Kirchen in Angeln keine Glocken mehr, auch die Orgelpfeifen mußten abgegeben werden.

Als der Krieg zu Ende war, kam die Glocke der Kirche 1919 wieder nach Grundhof zurück und mit ihr ein Denkmal für die Gefallenen. Einschließlich der sechs Vermißten standen siebenundachtzig Namen auf der Tafel. Emma Erichsen, wie sie damals noch hieß, hat sie alle gekannt.

Durch die schwere Inflation infolge des Krieges verlor

das Geld stündlich an Wert, bald entsprachen 4,2 Billionen Papiermark nur noch einem Dollar. Sobald Emma Asmussen einen Geldschein in den Händen hielt, rannte sie los, um in einem der zwei Kaufmannsläden im Ort Waren zu ergattern, die sie dann in der Vorratskammer für noch härtere Zeiten verstaute.

Es begann eine glückliche Zeit, als der lebenslustige Maurer Friedrich Asmussen aus Roikier um ihre Hand anhielt. Sie heirateten 1924, da war Emma sechsundzwanzig Jahre alt. Friedrich Asmussen hatte gerade den elterlichen Hof geerbt, der seit 1848 im Besitz der Familie Asmussen gewesen war und bereits seit 1815 existiert hatte. Der Hof galt als «selbständige Brotstelle», aber Emmas Mann Friedrich arbeitete weiter als Maurer und besserte mit Handwerksarbeiten das geringe Einkommen auf. Emma Asmussen versorgte das Vieh: Kühe, Pferde, Schweine sowie Gänse, Enten und Hühner. An den Schlachttagen kochte sie das Fleisch ein, wie es damals noch üblich war. Schinken und Mettwürste kamen in den eigenen Rauchfang. Ihr erstes Kind, ihre Tochter Annemarie, kam 1927 auf die Welt und starb mit anderthalb Jahren, 1930 wurde ihr Sohn Johannes geboren und sechs Jahre später Inge Maria, die heute in der Nähe von Glücksburg lebt: «Alle drei Kinder habe ich zu Hause bekommen, es waren schwere Geburten, erst später gab es bei unserer Hebamme eine Geburtsstube, da wäre es leichter gewesen.»

Jeden Morgen um halb fünf stand sie auf. Der Tag begann und endete mit dem Melken der Kühe, sieben Tage in der Woche. Während der Erntezeit im Sommer halfen die Frauen zusätzlich bei der Feldarbeit beim Einbringen des Korns. Das Getreide wurde damals noch mit der Sense geschnitten, von den Frauen gebunden und dann mit dem Leiterwagen in die Scheune gebracht.

«Die Milch, die ich morgens und abends gemolken habe, kam in die Meierei nach Kalleby, von dort bekamen wir auch unsere Butter, den Käse habe ich selbst gemacht, auch die süße und die saure Sahne, das machten damals alle Frauen auf den Höfen, das war gar nichts Besonderes.»

In den dreißiger Jahren bekamen die Asmussens endlich einen Trecker und Elektrizität: «Seitdem ist alles viel einfacher. Die Elektrizität gab es schon seit 1920, aber wir bekamen sie erst später.»

Knapp zwanzig Jahre später veränderte sich das Leben erneut durch einen Krieg. An die Gefangenen, die Polen und später die Russen, erinnert sich Emma Asmussen noch gut. Sie halfen wieder in der Landwirtschaft mit. Untergebracht waren sie in der Gastwirtschaft in Roikier, die zu einem Gefangenenlager umfunktioniert worden war.

«Das Wachpersonal brachte die Männer morgens auf die Höfe und holte sie abends wieder ab. Das Mittagessen nahmen die Gefangenen in den Familien ein, sie durften zwar nicht mit am selben Tisch essen, aber daran haben sich die meisten nicht gehalten.»

Man half sich mit einem Trick, stellte einen kleinen Tisch an den großen Tisch, den man schnell zur Seite rücken konnte, sollte einmal unerwünschter Besuch auftauchen.

Vom Kriegsgeschehen merkte man kaum etwas in Angeln. Bomben fielen keine, nur das Brummen der schweren Flieger war zu hören, die über die Häuser hinweg nach Flensburg donnerten, um dort ihre Bomben abzuwerfen. Nur einmal schlug in der Nähe von Roikier eine Bombe ein, allerdings ohne großen Schaden anzurichten. Menschenleben waren nicht zu beklagen. Man erzählte sich im Dorf, die britischen Piloten hätten ihre Bomben nur deshalb schon vor Flensburg abgeworfen, weil sie von deutschen Jägern verfolgt wurden.

Sechs Männer aus Roikier kamen aus dem Krieg nicht wieder zurück, aus Angeln insgesamt 178. Ihr Mann mußte nicht in den Krieg, und ihr Sohn Johannes war noch zu jung. Trotzdem bekam der Fünfzehnjährige, genau wie ein gleichaltriger Junge in der Nachbarschaft, noch im März 1945 einen Marschbefehl, um als letztes Aufgebot Hitlers in der Schlacht um Berlin zu kämpfen – die Jungen fanden jedoch Wege, nicht zu gehen, und überlebten. Andere waren gegangen und kamen nicht wieder: «Der Krieg brachte tiefe Trauer in die Familien, das war überall so.»

In den letzten Kriegsjahren hatten auch die abgeschiedensten Dörfer in Angeln ihr Gesicht verändert, denn immer mehr Fremde mußten auf den Höfen untergebracht werden. So sah man beispielsweise Kinder aus Hamburg und Kiel auf den Straßen spielen. «Die Schule war jetzt zu klein geworden, zwei neue Schulhelferinnen mußten eingestellt werden und ein zusätzlicher Lehrer – ein Flüchtling. Anfang April 1945 stellte man den Schulbetrieb ganz ein, aus der Schule wurde ein Lazarett.» Der Schulunterricht begann erst wieder im September 1945, nachdem die britische Besatzungsmacht Lehrer ohne nationalsozialistische Vergangenheit gefunden hatte.

Nach den Evakuierten aus den Großstädten kamen die Vertriebenen aus dem Osten, die alle nur das Nötigste besaßen. Jedem Haus, egal wie klein es war, wurden Flüchtlinge zugeteilt. «Viele Familien räumten sogar ihre Schlafzimmer für die Gäste.»

Gäste, ein selten gebrauchtes Wort für die Flüchtlinge aus dem Osten, die nach dem Zweiten Weltkrieg ihre Heimat verloren hatten. Nicht überall waren sie erwünscht und wurden dementsprechend oft nicht freundlich empfangen. Aber Emma Asmussen benutzt das Wort «Gäste» ganz bewußt.

«Wir hatten Flüchtlinge aus Ostpreußen, mit denen wir uns sehr gut verstanden. Später waren wir sogar befreundet, wir hatten noch lange Kontakt mit der Familie, auch noch, nachdem sie nach Nordrhein-Westfalen gezogen war.»

In den letzten Tagen des Krieges, eigentlich war schon alles vorbei, passierte noch einmal Aufregendes an der Fördeküste: Vor Habernis versenkten Marinesoldaten unzählige U-Boote, Tender und das Schnellboot-Mutterschiff Carl Peters, damit sie nicht «dem Feind» als Kriegsbeute in die Hände fielen. Als Zeugnisse eines verlorenen Krieges ragten ihre eisernen Aufbauten aus dem Wasser der Förde, das im eisigen Winter 1946/47 langsam zugefroren war. Zur Freude der Jungen, die nun mit ihren Schlittschuhen die untergegangenen Ungetüme aus der Nähe besichtigen konnten. Es sollte noch eine Zeit dauern, bis zwei Schiffe die Überreste geborgen hatten.

Nach dem Zweiten Weltkrieg arbeitete Friedrich Asmussen nicht mehr länger als Maurer, sondern nur noch in der Landwirtschaft. Er gehörte zu denen, die die ersten

Versuchsfelder in der Gegend anlegten, um Saatgut für Rotkohl und Weißkohl zu ziehen und es an Großabnehmer zu verkaufen. Es ging langsam aufwärts bis 1970, als plötzlich Friedrich Asmussen an einem Herzinfarkt starb. Es dauerte lange, bis Emma Asmussen ihre Trauer überwand, denn jetzt war sie allein mit ihrem Sohn Johannes auf dem Hof.

Als Schleswig-Holstein im Katastrophenwinter 1978/79 im Schnee versank, mußten die beiden wieder eine Extremsituation meistern. Roikier, wie viele andere Dörfer und Städte, war tagelang von der Außenwelt abgeschnitten. Schneepflüge, zum Teil aus Bayern importiert, waren rund um die Uhr im Einsatz. Die Bundeswehr setzte Panzer und Hubschrauber ein, um zu den Eingeschlossenen in den Dörfern durchzukommen. Die Kerzen wurden knapp, und Emma Asmussen begann die langen Nächte zu fürchten:

«Der Schnee war sehr, sehr hoch, es gab Schneeverwehungen, die waren fast drei Meter hoch, und der Schneevogt konnte mit den kleinen Raupen gar nicht die Straße räumen. Gott sei Dank konnten wir unser Haus mit dem Kohleofen heizen und in der Küche auf dem Kohlenherd kochen. Ich lebte ja mit meinem Sohn allein hier im Haus. Meine Tochter konnte uns auch nicht besuchen. Fünf Tage hatten wir keinen Strom und einen schrecklichen Sturm. In den Stall, in dem die Kühe standen, kamen wir aber gut rein, der ist ja direkt mit dem Haus verbunden. Aber um das Futter für die Kühe aus der Scheune zu holen, mußten wir über den Hof gehen. Ja, und der war voll Schnee, und mein Sohn mußte tüchtig schaufeln, ein bißchen habe ich auch geholfen. Mein Sohn mußte auch die

Kühe mit der Hand melken. Gott sei Dank konnte er das noch, das hat er ja gelernt, inzwischen wurde ja alles elektrisch gemacht. Aber die Milch wurden wir nicht los, einen Teil konnten wir durch Kühlung erhalten, aber wir mußten auch viel wegschütten. Das war ein großer Verlust. Nach fünf Tagen konnten die Straßen erst geräumt werden, der Schneevogt hat alle Männer zusammengerufen, die dann mit Schaufeln und mit größeren Geräten kamen und den Schnee beiseite schoben, es entstanden Schneegassen, wie man das sonst nur in den Bergen sieht.»

Ein Schneevogt hat dafür zu sorgen, daß im Winter genug Männer eingeteilt werden, um Schneeverwehungen und Glatteis zu beseitigen, das hatte bisher immer gut geklappt, nur in dem Winter hatte man fremde Hilfe gebraucht. Dem Katastrophenwinter folgte ein milder Sommer, und der Tradition entsprechend lud der Schneevogt wie jedes Jahr zu einer Feier. Die Stimmung auf den Festen wird vor allem mit dem «Angler-Muck» gehoben, dem Traditionsgebräu, das so alt ist wie die ersten Straßen in Angeln, die die Dorfbewohner noch selbst gebaut haben. Damals sammelten die Männer die Steine für den Straßenbau noch auf den Feldern und holten den Sand vom nahegelegenen Fördestrand, und die Frauen machten den Punsch:

«Dazu braucht man eine Kaffeekanne oder besser einen echten Angler-Muck-Krug, den man noch in kleineren Läden in Angeln kaufen kann. Man tut 1/3 Limonade hinein, 1/3 Korn und 1/3 Selter und ein paar Eiswürfel. Man gibt immer jeweils eine Runde aus, das heißt, jeder eine Kanne. Je nachdem, wie groß die Runde ist,

Angler Muck, der geht ganz schön in die Beine. Vorsicht, das köpft.»

Emma Asmussen liebte diese Feste, denn es gab nur wenige Ablenkungen und Vergnügungen für die Frauen auf dem Lande. In der einzigen Gastwirtschaft im Ort trafen sich vor allem die Männer.

Emma Asmussens Fähigkeit, unabänderliche Ereignisse zu akzeptieren, Vergangenem nicht lange nachzutrauern, ist vielleicht ein Grund für ihr langes Leben. Sie hat ihre Pflicht als Bäuerin getan, ihre Kinder großgezogen, hart gearbeitet und selten genug gefeiert. Aus ihrer Mutterrolle ist sie nie ganz herausgewachsen. Johannes Asmussen blieb Junggeselle, obwohl er gerne geheiratet hätte, aber viele junge Frauen scheuten das entbehrungsreiche Leben auf dem kleinen Hof.

Vor einigen Jahren erkrankte der jetzt neunundsechzigjährige Johannes Asmussen an Parkinson, nun ist noch Krebs hinzugekommen. Seitdem wird er wieder von seiner Mutter versorgt, die in ihrem ganzen Leben nie ernsthaft krank war. Nur einmal vor zwei Jahren mußte sie einen kleinen Eingriff überstehen, danach hat sie sich schnell wieder erholt.

«Ich hatte auch gar keine Zeit, mich ins Bett zu legen. Wir hatten zwar schon seit den zwanziger Jahren Strom, aber es dauerte noch eine ganze Zeit, bis wir den ersten Elektroherd hatten, erst in den sechziger Jahren wurde die Arbeit auf dem Hof leichter. Wir bekamen einen Kühlschrank und vor allem Kühltruhen. Ja, und dann noch die Waschmaschine, das war schon etwas Wunderbares. Wir mußten auch keine Öfen mehr heizen. Es gab eine Ölheizung. Allerdings habe ich eine elektrische Nähmaschine immer noch nicht. Ganz früher habe ich die Nähmaschine noch mit einer Handkurbel bedient. Meine Kleider habe ich fast alle alleine genäht, und die Kühe konnten nun auch elektrisch gemolken werden.»

Als Emma Asmussens Mann Friedrich noch lebte, las sie regelmäßig Zeitung, den *Schleiboten* und die *Flensburger Nachrichten*. Vielleicht könnte sie das immer noch, aber sie will nicht mehr, ihre Augen sind auch nicht mehr so gut, sie ist fast erblindet. Ihre Tochter Inge kommt täglich vorbei, um nach ihr zu sehen, das Essen wird ihr von einem Zivildienstleistenden gebracht. Manchmal wird ihr das Leben zur Last, dann wünscht sie sich zu sterben:

«Aber ich muß noch einige Jahre leben. Wer soll sich sonst um meinen Sohn kümmern? Er braucht mich doch.»

Ursula Richter

So was vergißt man ein ganzes Leben nicht

Käthe Kohlsaat

Jahrgang 1900

Käthe Kohlsaat wurde am 28. 12. 1900 in Hamburg geboren. Kurz nach Weihnachten, kein besonders günstiger Geburtstag, mögliche Geschenke betreffend:

«Als ich noch ein Kind war, hat mich meine Mutter immer vor der Bescherung gefragt, willst du deine Geschenke jetzt alle haben, oder auch noch welche zum Geburtstag? Alle jetzt, habe ich immer gesagt, weil ich es nicht länger aushalten konnte ... aber eine Kleinigkeit habe ich dann doch noch zum Geburtstag bekommen.»

Käthe Kohlsaat kam oberhalb der Landungsbrücken zur Welt, in der Nähe von Hamburgs Wahrzeichen, der St. Michaelis-Kirche, kurz Michel genannt. In diesem barocken Prachtexemplar haben über 3000 Menschen Platz: «Im Michel wurde ich getauft, im Michel wurde ich konfirmiert, und am selben Platz habe ich 1928 auch John geheiratet, er war Ewerführer, wie mein Vater.»

Ein Ewer war um die Jahrhundertwende ein kleiner Frachtsegler mit zwei Masten, ein unentbehrliches Transportmittel auf der Elbe und den Gewässern in und um Hamburg. In abgetakeltem Zustand wurden Ewer als Schuten eingesetzt, um Waren aller Art zu transportieren. Den Führer einer solchen Schute nennt man auch heute noch Ewerführer, die Schuten werden durch Schlepper oder Barkassen bewegt, in flachem Gewässer durch Staken mit einem Peekhaken, einer dem Bootshaken ähnlichen drei bis sieben Meter langen Stange. Der Ewerführer übernimmt mit seinem Schiff die Beladung, Beförderung und im Bedarfsfall auch die Zolldeklarierung von Gütern im Hamburger Hafen. Der Tätigkeit ging schon immer eine längere Ausbildung voraus, seit 1962 ist Ewerführer sogar ein Lehrberuf.

Käthe Kohlsaat heiratete nicht nur einen Ewerführer, sie war auch die Tochter eines Ewerführers, der eigene Schuten besaß.

Sie war die Jüngste von sechs Kindern, ihre Brüder wurden ebenfalls Ewerführer, wie es Tradition in der Familie war. Käthe machte nach der Schule eine Ausbildung als Verkäuferin bei einem edlen Herrenausstatter in der Königsstraße in Altona. Die Königsstraße war damals, um 1913, Einkaufsmeile erster Wahl, Geschäft reihte sich an Geschäft. Käthe Kohlsaat weist auf ein gerahmtes Foto an der Wand und sagt: «Da können Sie mal gucken.» Links auf dem Bild erkennt man das schöne alte Rathaus, das von Claus Stallknecht, dem berühmten Altonaer Stadtbaumeister, im 18. Jahrhundert entworfen worden war, und davor, auf dem Rathausplatz, eine Reihe von Pferdebussen. Rechts im Bild sieht man die Geschäfte der Altonaer Renommierstraße, unter ihnen der Herrenausstatter, für den Käthe Kohlsaat jeden Tag Hemden, Socken und Krawatten verkaufte. Allerdings gab es zu dieser Zeit keine Pferdebusse mehr, Käthe Kohlsaat fuhr schon mit der Straßenbahn zur Arbeit. Das Zeitalter des Pferdes hatte sich bereits dem Ende zugeneigt. Elektrischer Strom war pflegeleichter und billiger. Schon in Käthe Kohlsaats Geburtsjahr waren alle Pferdebahnstrecken in Hamburg elektrifiziert. Lange hatten sich die Hamburger gegen die als häßlich wahrgenommene Oberleitung in ihrer guten Stube gewehrt – vergeblich. Auf insgesamt vierhundert Kilometern Gleisen fuhren vor dem Ersten Weltkrieg vierzig Linien, von vielen Städten im In- und Ausland wurden die Hamburger dafür beneidet. Mittlerweile gibt es in Hamburg keine Straßenbahn mehr, die letzte Bahn fuhr 1977.

Bis zum Ersten Weltkrieg ging es der Familie des Ewerschiffers gut, Käthe Kohlsaat nennt ihre Kindheit «behütet». Sie beschreibt sich als ein ausgelassenes, fröhliches Mädchen. Das Elend begann im Sommer 1915, als zwei Brüder im Ersten Weltkrieg starben und es dem Vater infolge des Krieges wirtschaftlich immer schlechter ging. Die Preise für Grundnahrungsmittel schnellten in die Höhe, 1916 setzte sich die Not mit Rationierungen fort und steigerte sich in den Schrecken des sogenannten Steckrübenwinters 1916/17, in dessen Folge es auch zu Unruhen und Plünderungen kam. Nach Kriegsende ging es nur langsam wieder voran, da die Anfang der zwanziger Jahre einsetzende Inflation eine wirtschaftliche Konsolidierung verhinderte. Um ihr zu begegnen, druckte die Stadt Altona sogar eigenes Notgeld, geziert von humoristischen Zeichnungen und Versen. An einen kann sich Käthe Kohlsaat noch erinnern:

De Lüd, de beder all'ns verstoht,
sind meistens nich in'n Magistrot.
Se sitt an'n Stammtisch fast un wiss,
weil dat bedüdend lichter is.

Viele Betriebe überlebten diese harten Zeiten nicht, auch der Vater mußte zwei seiner drei Schuten verkaufen. Doch irgendwann konnte man sich auch wieder etwas leisten, zwar keinen richtigen Urlaub, denn es gab eine starke Konkurrenz. Man machte am Wochenende ausgedehnte Ausflüge, man segelte in die neuen Gartenlokale an der Elbe, nach Othmarschen, Neumühlen oder Blankenese. In einem dieser Lokale verliebte sich die junge Käthe beim Tanzen in John, ihren späteren Mann. Sie hatte ihn schon häufiger bei ihrem Vater getroffen, denn er war einer seiner Ewerführer. An einem heißen Sommertag, an dem auch in der Elbe, am Wittenbergerstrand gebadet wurde, «passierte es». Nach der Hochzeit 1928 zog Käthe mit ihrem Mann in eine Drei-Zimmer-Wohnung an der Großen Elbstraße, in der sie noch bis 1986 wohnen sollte. Hier, direkt an der Elbe, schlug nicht nur das wirtschaftliche Herz der Stadt, der Holzhafen, der Fischmarkt, der Fischereihafen; hier pulsierte auch das pralle Leben. Als 1931 ihre Tochter Elisabeth geboren wurde, gab sie ihre Stelle beim Herrenausstatter auf und war nun «ganz für das Kind da, es war meine schönste Zeit».

Auch in Altona, das noch bis 1937 zu Preußen und nicht zu Hamburg gehören sollte, ging es wieder aufwärts. Als Bürgermeister förderte Max Brauer den sozialen Wohnungsbau, ließ Schulen bauen und Parks anlegen, setzte die Eingemeindung der reichen Elbvororte durch und betrieb die Hafengemeinschaft des preußischen Altona mit dem benachbarten Hamburg. Jahrzehntelang hatten die Sozialdemokraten in Hamburg und in Altona unangefochten regiert, nun verloren sie 1931 auf einen Schlag 14 Mandate in Hamburg, schockierend aber war das Abschneiden der NSDAP. Bei der Bürgerschaftswahl 1928 hatte sie nur 2,2 Prozent der Stimmen bekommen und wurde als Splitterpartei notiert. Zwei Jahre später schnellte sie auf 26,2 Prozent in die Höhe.

Käthe Kohlsaat erinnert sich noch an das schreckliche Erlebnis aus dem Sommer 1932, das als Altonaer Blutsonntag in die Geschichte eingehen sollte: «7000 SA-Männer marschierten durch Altona und hinterließen nach einer vierstündigen Straßenschlacht eine Blutspur.» Die Demonstrationsroute ging durch die traditionellen Arbeiterviertel, die Hochburgen der Kommunisten waren. Welche Seite zuerst schoß, blieb Spekulation – achtzehn Menschen wurden getötet und mehr als sechzig verletzt. Unter den Toten waren dreizehn unbeteiligte Passanten. Nach diesem Ereignis wurde die Bürgerschaft schrittweise entmachtet und nach Hitlers Machtübernahme am 14. Oktober 1933 aufgelöst und 1934 durch das Gesetz über den Neuaufbau des Reiches ganz abgeschafft. Als Hitler am 17. August die Hansestadt besuchte, konnte er zufrieden sein: Die Gleichschaltung in Staat, Wirtschaft und Gesellschaft war gelungen. Nach einer Besichtigung bei Blohm und Voss, wo ihm sogar die Arbeiter zujubelten, strömten die Hamburger vor das Rathaus, um den Führer zu begrüßen. Käthe Kohlsaat, die aus einem traditionell sozialdemokratischen Elternhaus stammt, konnte jedoch nicht mitjubeln, denn sie machte sich Sorgen über das, was sie auf sich zukommen sah.

Einen Tag vor Beginn des Zweiten Weltkriegs starb ihre Tochter Elisabeth mit acht Jahren:

«Sie hat sich durch ein Kind in der Nachbarschaft, mit dem sie immer gespielt hat, an Tuberkulose infiziert. Sie wurde immer schwächer, hatte hohes Fieber und wollte nicht mehr essen, und dann dieser furchtbare Husten, sie bekam keine Luft mehr. So was vergißt man ein ganzes Leben nicht.»

Der Schmerz über den Verlust des einzigen Kindes ist geblieben. Danach stürzte sich ihr Mann, der den Tod der Tochter nicht überwinden konnte, noch mehr in seine Arbeit, und um Käthe Kohlsaat herum wurde es stiller. Sie fing wieder an zu arbeiten, bei einem Herrenausstatter am Glockengießerwall, und später nähte sie in einer Firma Bekleidung für Segler. Während des ganzen Krieges blieb sie in der Stadt, mit der Bombardierung Hamburgs mußte sie alleine fertig werden, weil ihr Mann inzwischen eingezogen worden war.

Am 25. Juli 1943 um 0.57 Uhr brach das Unheil los. Unter dem Decknamen Gomorrha hatte die britische Luftwaffe die Bombardierung Hamburgs beschlossen:

«Es war entsetzlich, ich wurde durch ein lautes Krachen aus dem Schlaf gerissen, die Wände wackelten und die Scheiben klirrten, ich hatte solche Angst, daß ich kaum meine Kleider finden konnte. Ich stopfte mein Nachthemd in den Schlüpfer und zog Mantel und Kleid darüber. Im Keller der Gastwirtschaft trafen sich die seltsamsten Gestalten, alle in schnell zusammengesuchten

Kleidern. Mit einiger Unterbrechung sind wir fast eine Woche dort gewesen. Als ich nach Hause kam, war eine Innenwand ins Treppenhaus gestürzt und alle Fenster und Türen demoliert, aber wir lebten.»

Nach den verheerenden Bombenangriffen waren ganze Stadtteile, auch Altona, zu ausgeglühten Trümmer- und Ruinenfeldern geworden, erfüllt von Brand- und Leichengeruch. 42 000 Todesopfer waren zu beklagen, fast 44 Prozent des gesamten Wohnbestandes und unzählige wirtschaftliche Existenzen waren vernichtet.

«Es grenzt an ein Wunder», sagt Käthe Kohlsaat, daß sie die Bombenangriffe im Keller der Gastwirtschaft Cohrs in der Großen Elbstraße, ganz in der Nähe ihrer Wohnung, überlebt hat. Die Gaststätte Cohrs, direkt am Fischmarkt gelegen, war übrigens weit über Altona hinaus wegen der Spezialität des Hauses, den Eiergrog, zu Berühmtheit gelangt. Den Zweiten Weltkrieg hat das barocke Gebäude überlebt, aber nicht die Abrißbirne der Stadt, die das Haus 1943 übernommen hatte. Anstatt es zu restaurieren, wurde es 1954 bis auf das Erdgeschoß abgerissen, und im Zuge der Fischmarktsanierung beseitigte man 1986 auch noch den Torso des historischen Gebäudes.

Schlechte Zeiten haften wie Pech und Schwefel in unseren Erinnerungen, auch Käthe Kohlsaat erinnert sich vor allem an die Katastrophen in ihrem Leben. So auch an die Flutkatastrophe von 1962, bei der in Hamburg 310 Menschen starben, nachdem die Deiche gebrochen waren. Wie zwanzig Prozent des Stadtgebiets wurde auch die Große Elbstraße überflutet. Für Helmut Schmidt, den zwei Monate vor der Katastrophe gewählten Innensenator, wurde die Flut, die innerhalb weniger Stunden über die südlich der Elbe gelegenen Stadtteile hereinbrach, zur Bewährungsprobe. Er war der Organisator der umfangreichen Rettungs- und Hilfsmaßnahmen, die innerhalb weniger Stunden improvisiert werden mußten, weil die Stadt auf ein solches Unglück nicht vorbereitet war.

Käthe Kohlsaats Mann John war damals schon schwerkrank, er starb 1963 an Krebs, einen Tag vor seinem siebzigsten Geburtstag. Nun war sie ganz alleine, hatte außer Neffen und Nichten keine Verwandten mehr.

Einmal so alt zu werden, hat sie sich damals nicht mal im Traum vorstellen können. An ernsthafte Krankheiten kann sie sich nicht erinnern, «nicht mal ein Bein hab ich mir gebrochen». Besonders gesund oder ernährungsbewußt, wie man es heute nennen würde, hat sie nicht gelebt. Geraucht hat sie zwar nicht, «aber viel, viel Kaffee getrunken und im Winter gerne Grog und Eierlikör, auch mal ein Bier und jeden Abend einen Korn».

Sybille Wahnschaffe

Als das aufflog, gab's Malaise

Franz Hermann Ritters

Jahrgang 1900

Ich bin ein richtiger Hamburger Jung. Geboren in Hamburg, in Hamburg-Barmbek, in der Von-Essen-Straße. Innerhalb von Hamburg gibt es ja noch mal Unterschiede. Und nur mit Glück wurde ich als Hamburger geboren, denn Barmbek wurde erst 1896, vier Jahre bevor ich zur Welt kam, ein Stadtteil von Hamburg. Das Dorf Barmbek wurde 1871 ein Vorort von Hamburg, entwickelte sich dann aber schnell zu einem dichtbesiedelten Arbeiterwohnquartier. Die Industrialisierung sorgte dafür, in den Städten entstanden immer mehr Fabriken, und die Landbevölkerung drängte nach Arbeit.

Übrigens wurde auch in Barmbek, aber erst am 23. Dezember 1918, ein Junge mit Namen Helmut geboren, der ganz bekannt werden sollte. Als Innensenator der Stadt Hamburg, als Verteidigungsminister und als Bundeskanzler. Er hieß Schmidt.

Das erste Erlebnis, an das ich mich genau erinnern kann, geschah allerdings auf St. Pauli. Wir waren umgezogen und wohnten in der Sternstraße. In dieser Straße hatte mein Vater Arbeit in der Singer-Nähmaschinen-Fabrik, gleich nebenan von der Pianofabrik. In der Sternstraße gab es große Mietshäuser, und in den Kellern waren Geschäfte und auch Wohnungen. Ich war vielleicht vier oder fünf Jahre alt und spielte mit anderen Kindern in einer unserer Wohnung gegenüberliegenden Kellerwohnung. Dort gab es ein erhöhtes Podest, wohl um zusätzlich einen Schlafplatz zu haben, und wir sprangen mutig auf den Steinboden herunter. Ich fiel und konnte nicht wieder aufstehen und weinte. Ich höre noch, wie meine Mutter rief: «Komm doch rauf, komm doch rauf.» Ich jammerte: «Ich kann nicht, ich kann nicht.» Ein Nachbar, der Zigarrenmacher war und zu Hause arbeitete, hat mich dann raufgetragen. Das linke Bein war gebrochen, und ich kam ins Krankenhaus. Zum Roten Kreuz am Schlump. Dicht an der Grindelallee. Es war wunderbar. Dort gab es Schokoladensuppe! Richtig süße, dicke Schokoladensuppe! Das war für mich etwas ganz Besonderes. So etwas Gutes kannte ich von zu Hause nicht. Diese köstliche Schokoladensuppe schmecke ich heute noch. In der Zeitung stand, daß im alten Krankenhaus jetzt ganz moderne Wohnungen und ein Café entstanden sind.

Im April 1906, mit sechs Jahren, kam ich zur Schule. In die Relaisstraße. Die lag hinter dem Schlachthof. Mein Weg führte über die Feldstraße, wo die Schlachthof-Eisenbahn entlangfuhr, und das war etwas für mich. Die Eisenbahn faszinierte mich, und natürlich wollte ich unbedingt Eisenbahner werden. Ich stand oft auf der Brücke an der Rentzelstraße. Gleich dort, wo heute der Fernsehturm steht. Mein Aufenthaltspunkt! Dort kamen die Züge vom Rangierbahnhof Sternschanze. Ich stand oben und ließ den Dampf ab … zisch, zisch … das war mein ganzer Spaß. Als ich älter war, mußte ich in der Leihbücherei Kohlhöfen immer neue Bücher holen, und mein Weg führte stets dort über die Brücke. Die Bücherhalle Kohlhöfen 28 gehörte mit zu den ersten Hamburger Öffentlichen Bücherhallen. Das Gebäude war ganz neu und hatte eine schöne Treppenfassade.

1906. Der Brand. Der Kirchturm von St. Michaelis brannte. Wir wohnten ja noch in der Sternstraße damals. Und plötzlich rief jemand: «Der Michel brennt! Der Michel brennt!» Wir sind losgelaufen, mein Freund und ich, in die Feldstraße und dann schräg über das Heiligengeistfeld, in die Elbstraße hinein. Und diese Elbstraße, ich weiß gar nicht, wie sie heute heißt, das war früher die sogenannte Judenstraße. Dort hatten die Juden ihre Verkaufsläden, und als wir sie erreichten – wir waren ja erst sechs Jahre alt –, mein Freund und ich, sahen wir den Turm vor uns. Brennend! Lichterloh! Und Leute kamen schon wieder zurück. Rannten und riefen: «Der Turm fällt, der Turm fällt!» Welche Wirkung das auf uns hatte! Wir kurz rum und rumsch, ab. Wieder nach Haus. Die Flammen haben wir gesehen, aber die Angst! Gott sei Dank fiel der Turm dann zur anderen Seite, zum Schaarmarkt rüber. Die Angst ist mir noch gegenwärtig, es kann auf dich was rauffallen … wir waren wahrscheinlich gar nicht gefährdet, aber diese Angst!

Der kupferverkleidete Turm der Hauptkirche St. Michaelis war das Wahrzeichen der Stadt, und nach dem Brand, der durch Reparaturarbeiten ausgelöst wurde, war der Turm ganz zerstört. Es gab damals großen Streit um den Wiederaufbau, ob modern oder in der alten Form. Der Turm wurde rekonstruiert und wieder Wahrzeichen.

Das schöne an unserer Wohnung in der Sternstraße

war, daß am Ende ja das Heiligengeistfeld liegt, und das war und ist für mich der «Dom». Ein großes Volksfest, das dort mehrmals im Jahr stattfindet. Und wo heute die U-Bahnhaltestelle Feldstraße ist, dort stand zu meiner Kindheit eine Windmühle. Und an dieser fand ich immer die Bude des Hamburger Kaspers. Für mich lange Zeit die schönste Bude auf dem Dom! Meine Eltern mußten mich jeden Abend während der Domzeit dort abholen. Und ich weiß noch wie heute, wie peinlich es mir war, daß ein kleines Mädchen mit einem Hut rumging und Geld einsammelte. Ich hatte nichts, und ich war sehr unglücklich drüber, daß ich ihr nichts geben konnte. Zehn Pfennige hätten gereicht, aber auch die hatte ich nicht. Wenn unsere Eltern uns einmal zehn Pfennig gaben, konnten wir damit über die Elbe zum Köhlbrand. Für zwei oder drei Pfennig gab's dann Rahmbonbons, die Fahrt kostete vier oder fünf Pfennig, und das war ein richtiges schönes Erlebnis im Sommer. Die zehn Pfennige bekamen wir meist von der Mutter, und dann waren meine zwei Schwestern auch mit dabei. Eine war vier, die andere sechs Jahre älter. Ich war der kleine Nachkömmling, und meine Schwester, die jüngere der beiden, war ganz neidisch auf mich, weil ich, wenn es zu Fuß zu den Großeltern nach Hammerbrook ging, im Kinderwagen liegen durfte und sie laufen mußte. Später hat sie mich immer geneckt: «Mein lieber Bruder Kaiser Franz.» Nach meinem Onkel Franz und nach meinem Vater Hermann heiß ich: Franz Hermann.

Mein Vater verlor seine Arbeit in der Singer-Nähmaschinen-Fabrik. Die verließen Hamburg und zogen nach Wittenburg, oder war es Wittenberge? Da sollte er als Meister mit, aber meine Mama wollte nicht. Sie war Hamburgerin. Und da hat er bei der HEW, den Hamburgischen Electricitätswerken, angefangen. Als Zähler-Ableser. In Hamburg waren um die Jahrhundertwende schon die ersten Großkraftwerke entstanden. Eins stand am Schlachthof, ein großes Backsteingebäude im Karolinenviertel.

Mein Vater war ein sehr strebsamer Mensch und wollte uns Kindern etwas mit auf den Weg geben. Da er Handwerker war, hatte er neben seiner Arbeit immer Posten als Hauswart, Hausvize. Meine Eltern zogen häufig um, ich habe ganz Hamburg kennengelernt. In Eppendorf bekam er am Isebekkanal ein Haus als Hausvize. Ich mußte in die Knauerstraße zur Schule und die Schwestern in den Schrammsweg, dort war die Mädchenschule. Über den Isebekkanal führte eine Holzbrücke, und unser Spielplatz war unten am Wasser, natürlich. Mein neuer Freund wohnte in der Hegestraße. Und als die Hochbahn gebaut wurde, hatten wir viel zu spielen. Fast hätte Hamburg eine Schwebebahn erhalten. Die Pläne gab es schon, aber die kam dann doch nach Wuppertal, und Hamburg erhielt die Hochbahn. Die Brücken, Bahnhöfe und Viadukte entwarfen Hamburger Architekten.

Die Wochenenden haben wir draußen im Grünen verbracht. Meine Eltern hatten einen Garten. Zuerst einen Schrebergarten. Überall war Schrebergartengebiet. Auch dort, wo heute das Eppendorfer Krankenhaus ist, und am Lehmweg. Wir haben alles angepflanzt, was wir zum Leben brauchten. Die Lebensmittel waren während meiner Kindheit sehr teuer geworden, und die Eltern mußten rechnen. Auch Kartoffeln pflanzten wir an. Und natürlich mußten wir Kinder helfen.

Zuerst hatten wir etwa siebenhundert Quadratmeter, später kaufte mein Vater in Niendorf ein großes Garten-Grundstück von fünftausend Quadratmetern. Rundherum waren noch Wald und Wiesen. Wir haben Obst angebaut, und im Sommer mußte die ganze Familie, auch die entfernten Verwandten, mit bei der Ernte helfen. Das Obst, vor allem Schattenmorellen, wurde dann verkauft.

Ich schlief lange im Schlafzimmer meiner Eltern, ein eigenes Zimmer hatte ich nicht. Ein Zimmer wurde vermietet. Es war üblich, Untermieter zu haben. Lange wohnte eine Frau bei uns, die in einer Keksfabrik arbeitete. Wir freuten uns auf den Freitag, weil sie dann immer frische Kekse mitbrachte.

Die Wohnungsnot war groß in Hamburg. Viele Menschen hofften, in den Fabriken Arbeit zu finden. In Berlin soll es noch schlimmer gewesen sein.

Kostgänger, Schlafmädchen und -burschen wurden aus Not aufgenommen. Es gab aber auch große, geräumige Wohnungen, mit Zwischenböden, Verschlägen und winzigen Kammern für Dienstboten. Als Hausmeisterjunge habe ich viel gesehen. Die besseren Wohnungen wurden häufig zum Trockenwohnen vermietet. Da wir sehr oft umzogen, kann es sein, daß wir das auch machten. Aber ich weiß es nicht mehr genau.

An einen Tag im Jahr 1912 erinnere ich mich aber genau. Ich habe ihn nie vergessen. Ich war zwölf und mußte noch zum Abendbrot etwas einholen. Neben dem Lebensmittelgeschäft war ein Tabakladen. Da habe ich für einen Pfennig eine Zigarette gekauft und geraucht. Zuhause hat Mutti gleich geschnuppert und hat mich in den Arm genommen und gesagt: «Junge, laß das. Tu das mir zuliebe nicht wieder.» Und das hat so auf mich gewirkt, daß ich nie wieder in Versuchung war zu rauchen. Meine Mutter war eine Güte von Mensch. Und ihre Liebe für mich hat mich entscheidend geprägt.

Mein Vater rauchte auch nicht, aus Sparsamkeit. Ich habe mich dann einer Gruppe angeschlossen, arbeiter- und jugendbewegt. Wir hatten uns zum Ziel gesetzt, nicht zu rauchen und nicht zu trinken.

Ich glaube heute, daß die ersten achtzehn Lebensjahre die Aufbauzeit des Lebens sind, und wer in dieser Zeit gesund und vernünftig lebt, hat eine Grundlage. Geistig wie körperlich, aber auch die Gefühle. Für uns Kinder waren die Eltern immer da. Das Zuhause stimmte. Das fing beim Essen an. Hausmannskost. Das war ein Essen für mich. Allein die Linsensuppe. Zwei Teller voll. Das war mein Leibgericht.

Mit vierzehn Jahren bin ich aus der Schule gekommen und dann in die kaufmännische Lehre. Mein Lehrherr, Besitzer einer Agentur, mußte als Lazaretthelfer in den Krieg, den von 1914, und übergab mir alles. So mußte ich als Fünfzehnjähriger mit Listen Firmen aufsuchen, sollte Dinge verkaufen, aber das ist nichts geworden. Heute kann ich darüber lachen, aber damals? Ich war nicht erfolgreich, zu jung. Aber ich hatte Glück und bekam eine Stelle bei der Sparkasse, «Alte Hamburger Sparkasse von 1864». Dort blieb ich bis 1918.

Die erste Hälfte des Jahrgangs 00 wurde noch im letzten Kriegsjahr eingezogen. Ich kam als Soldat nach Ratzeburg. Kurze Ausbildung und dann sollten wir ins Feld, aber ich hatte gerade ein Furunkel am Auge und mußte im Lazarett behandelt werden. Dadurch blieb ich in Ratzeburg. Vor der Kapitulation, Anfang November 1918, meuterten die Matrosen der Flotte in Wilhelmshaven und Kiel. Und als es hieß, sie kommen auch nach Ratzeburg, mußten wir Gräben ausheben, um die Aufständischen zu stoppen. Aber da ist nichts nachgekommen.

Die deutsche Flotte hatte zwei Jahre auf einen Kriegseinsatz gewartet, und Anfang November 1918, wo niemand mehr an den Sieg glaubte, erging der Befehl zum Auslaufen der Kriegsflotte. Die Matrosen meuterten, und als die Rädelsführer verhaftet wurden, kam es zum großen Aufstand. Viele schlossen sich an. Werftarbeiter und Landtruppen. Der Reichstagsabgeordnete Gustav Noske fuhr nach Kiel und handelte Straffreiheit für alle Beteiligten aus.

Ich habe aus meiner damaligen kurzen Soldatenzeit noch ein Erlebnis. Komisch, an was man sich nach so vielen Jahren noch erinnert. Ich war auf meiner Stube, und da kam der Feldwebel und fragte, ob ich nicht Zeit und Lust hätte, in einem Lokal am Ende des Ratzeburger Sees die Bedienung zu unterstützen? Natürlich habe ich das gemacht. Ich kam an, und erst mal gab es guten Hirschbraten. Mit meinen dort gewonnenen Kenntnissen habe ich dann bei den Soldaten in der Küche anheuern können, den Kessel saubermachen. So konnte ich immer wieder das Kochgeschirr füllen. Aber ich hatte noch mehr Glück. Der Koch war nämlich aus Altona und hatte Interesse an Leuten, die aus seiner Gegend kamen. Wenn wir Urlaub hatten, konnte er uns für seine Familie etwas mitgeben. Für mich fiel dann auch etwas ab.

Meine Frau habe ich 1918 kennengelernt. Wir waren Kollegen, und dann sind wir siebenundsechzig Jahre nebeneinander hergelaufen. Tatsächlich gelaufen, denn wir waren begeisterte Wanderer. Zuerst haben wir zusammen in der Zentrale der Sparkasse und später in der Filiale Eimsbüttel gearbeitet. Das war eine schöne Zeit.

Schlechte Zeiten habe ich eigentlich nie gehabt. Auch nicht während des Krieges, wir haben uns durchgeschlagen. Ich bin auf die abgeernteten Felder, raus in Richtung Pinneberg, und habe versucht, noch Getreide zu finden. Wir haben immer versucht, noch das Beste daraus zu machen.

Und wenn es schien, als ginge es gar nicht mehr weiter, habe ich gesungen. Schon im Elternhaus wurde viel gesungen. Mein Vater war im Hamburger Volkschor, und in meiner Jugend, vor allem in der Jugendbewegung, wurde viel gesungen und musiziert. Die Klampfe oder Zupfgeige gehörten dazu. Als Mitglied im Hamburger Jugendbund, das war die Jugendvereinigung von der sozialdemokratischen Partei, haben wir natürlich Wander- und Arbeiterlieder gesungen. Ich muß sagen, ich hatte einen sehr schönen Tenor. Ich singe heute noch gerne. Auch bei der Trauer, als meine Frau an ihrem neunzigsten Geburtstag starb. – Ich habe gesungen und Trost gefunden. Eines der Lieder von damals singe ich heute noch sehr oft.

Und Franz Ritters hebt mit einer kräftigen lauten Stimme an, die Endlaute deutlich artikuliert:

Habe oft im Kreise der Lieben,
im duftigen Grase geruht,
und wir haben zusammen gesungen
und alles ward wieder gut.
Soll's uns nicht lange sagen,

was alles wehe tut,
nur frisch, nur frisch gesungen
und alles ist wieder gut.

Das ist mein Leib- und Magenlied. Das hat mir häufig geholfen, und das frischt mich auch immer wieder auf.

Ich hatte immer ein gutes Einkommen und habe vom fünfzehnten bis zum fünfundsechzigsten Lebensjahr jeden Tag gearbeitet, bis auf den Urlaub. Als Bilanzbuchhalter habe ich mein Geld verdient. Als der Erste Weltkrieg zu Ende war, hat ein entlassener Soldat bei uns in der Sparkasse angefangen, und der hat mich zum Buchhalter ausgebildet, zum Bilanzbuchhalter. In diesem Beruf war ich später auch all die Jahre tätig.

Die erste Stelle hatte ich bei einer Firma mit Sitz im Levantenhaus an der Mönckebergstraße. Ich war im Exportgeschäft. Der eine Chef war ein bißchen phantastisch mit den Einlagen. Ich merkte, daß da kein Geld mehr war, und habe mich auf eine Stelle bei den Ebano-Asphalt-Werken beworben. 1929 muß das gewesen sein. Ich mußte von heut auf morgen die Arbeit antreten. Die Asphalt-Werke waren von einer amerikanischen Firma hier gegründet worden, die Nachfrage nach Asphalt war so enorm.

Bei der alten Stelle hätte ich beinah noch Schwierigkeiten bekommen, da ich die Bilanzen aufgemacht hatte. Es ging um ein aufgeflogenes Chinageschäft, das zwar im Bestand war, aber marode. Später habe ich die Einzelheiten erfahren. Ein Morphium-Geschäft. Beide Chefs kamen aus China und hatten dort illegale Morphium-Verkäufe getätigt. Uns haben sie dann damit getröstet, das wäre zur

Ankurbelung der Arbeitskraft, die Kulis hätten das gebraucht. Als das aufflog, gab's Malaise.

Ein politischer Mensch war ich nie. Nein, nein. Man war in dieser Jugendbewegung, in der Wanderbewegung, aber danach ... Das Jahrhundert war rückblickend schwierig und belastet. Insbesondere durch die Nazizeit, die Kriege. Ich habe das Elend gesehen, das den Leuten zugefügt wurde, als ich in Frankreich war. Ich hatte eine Wut im Bauch. Aber man mußte ... Ich vergesse nicht, daß ich bei einem Vortrag von einem Chef, der Nazi war, gegrinst habe über das, was der sagte, und voller Wut hat er mir ins Gesicht geschlagen. Aber ich hatte Glück. Vertreter vom Vorstand waren anwesend, er mußte sich bei mir entschuldigen, und da ich ein guter Arbeiter war, verlor ich meine Stelle nicht.

Ich wurde 1940 zu einem Baubataillon der Organisation Todt aus Zerbst eingeteilt, das in Hamburg aufgefüllt wurde. Im Frankreichfeldzug setzte man uns als Besatzungs- und Bautruppe ein. Wir bauten bei Paris zwei Brücken. Ich war mit im Stab beschäftigt, und wir mußten das Holz schlagen für die Bauarbeiten.

Ich kam gesund aus dem Krieg zurück. Unsere Tochter, die 1926 geboren ist, heiratete einen Flüchtling aus dem Memelland. Sie war Lehrerin in Hamburg, und ich fahre heute einmal in der Woche zum Essen zu ihr und dem Schwiegersohn.

Die schönsten Erlebnisse waren für mich die Reisen mit meiner Frau. 1953 konnten wir uns unseren ersten Wagen kaufen. Einen Lloyd. Der kam aus Bremen, und ich habe ihn für dreitausend Mark von einem Arzt übernommen. Dann kam ein Ford, und später bin ich zur

Marke Opel gewechselt. Den fahre ich heute auch, aber einen Automatik-Wagen. Wir waren überall mit dem Auto. Über Frankreich nach Barcelona und dann mit dem Schiff übergesetzt nach Mallorca. Heute fahre ich noch zu meiner Tochter, zum Einkaufen und ins Heilbad Bad Bevensen. Das Fahren macht mir nichts. Ich sehe noch sehr gut. Vielleicht bin ich der älteste Autofahrer Deutschlands? Es gibt wohl keine Statistik.

Man muß etwas tun, um seine Gesundheit zu erhalten. Ich beginne jeden Morgen meinen Tag mit Gymnastik im Bett. Zehn Minuten Pflichtprogramm und möglichst das Fenster geöffnet. Noch im Bademantel mahle ich Korn, eine Mischung aus Hafer und sechs verschiedenen Körnern. Mit Wasser aufgestellt, zum Quellen gebracht und nach der Morgentoilette mit Weinbeeren, Milcheiweiß und Frischmilch ergänzt.

Ob das ein Programm ist, um fit hundert Jahre alt zu werden? Ja, vielleicht. Ich gehe auch regelmäßig schwimmen, zweimal die Woche zur Sauna und habe bis vor kurzem noch Volleyball gespielt. Außerdem habe ich mir nie etwas aus Alkohol gemacht, und jetzt trinke ich jeden Tag auch meinen Obstessig mit zwei Eßlöffeln Honig. Abends gibt es zwei Scheiben Knäckebrot mit Quark. Auch Bananen habe ich immer im Hause.

Die Tageszeitung ist Pflichtlektüre, das Kreuzworträtsel löse ich schon halb während des Frühstücks. Die zweite Hälfte spare ich für den Nachmittag auf. Aber wenn man lange allein ist, vermißt man manchmal etwas, das sage ich ganz offen. Eine Umarmung, einen Kuß. Jetzt bin ich wohl zu alt, man lernt darüber hinwegzukommen. Schwierig ist es, trotz Hörgerät immer schlechter zu hören. Die Angst, isoliert zu sein, nicht mehr teilhaben zu können am Leben. Aber ich habe eine innere Zufriedenheit. Sie ist etwas ganz Wichtiges.

Ob ich der nächsten Generation etwas mit auf den Weg geben kann? Einen Rat für das kommende neue Jahrhundert, den Schritt in ein weiteres Jahrtausend? Ja. Sie sollten sich vom Suchtgebaren lösen. Kokain und all diese Sachen. Ich verstehe nicht, wie die Leute sich mit den Sachen selbst umbringen. Die wissen gar nicht, wie schön das Leben sein kann, wenn man es in Zufriedenheit gestaltet. Also ich muß sagen, ich bin mit meinem Leben, was ich geführt habe, zufrieden. Und das ist doch etwas wert!

Gudrun Reher

Es war herrlich! Die Zeit war schön, die Kinderzeit

Martha Sydath

Jahrgang 1900

Wenn heute 1914 wäre, würde ich sagen, der Kaiser, unser Kaiser, hat heute Geburtstag. Am 27. Januar. Das Datum habe ich nicht vergessen. Der Geburtstag wurde in der Aula unserer Mädchenmittelschule gefeiert. Die Aula war voll, die Eltern waren gekommen. Gedichte wurden aufgesagt, und ich war mit dabei. O ja, Gedichte mochte ich. Gesang und Gedichte, diese Dinge lernte ich gerne in unserer Schule. Das war schön. Sonst war ich sehr mittelmäßig, aber ich bin rübergekommen. Ich bin nicht sitzengeblieben, die Hauptsache. Natürlich erinnere ich mich noch an ein Gedicht:

> Die Fenster auf, die Herzen auf,
> geschwinde der alte Winter will heraus.
> Er trippelt ängstlich durch das Haus,
> die Fenster auf …

und so weiter. Ich wechselte mich beim Vortragen mit einem anderen Mädchen ab, die war die Erste in der Klasse, später ist sie Lehrerin geworden.

Wir hatten eine besondere Beziehung zur Kaiserfamilie. Das lag an meiner Tante, die Ahnenforschung betrieb, und sie meinte, da wäre eine Verbindung zu der Holsteinerin, zu unserer Kaiserin. Unsere Kaiserin kam ja aus Holstein. Meine Vorfahren sind aus Dänemark, und die Tante hatte eine Spur, eine Verbindung zum Hofe entdeckt. Eine Urgroßtante heiratete einen «von Banner». Sie war wohl bei Hofe in Stellung gewesen. Aber eine Verbindung zur Kaiserfamilie, das war wohl ein Irrtum. Mein Ururgroßvater Petersen, mütterlicherseits, war Schloßgärtner und hat den Gravensteiner Apfel veredelt, auf Alsen in Sønderborg in Dänemark. Das Schloß, auf dänisch Graasten, ist die Sommerresidenz der dänischen Königsfamilie.

Und der Sohn vom Gärtner, mein Urgroßvater, war gleichaltrig mit dem Prinzen von Löhr und wurde mit ihm zusammen erzogen, da er einen Kameraden haben sollte. Und dieser Sohn wurde später Kaufherr von Sønderburg, der reichste Mann, heißt es. Ich habe noch einen Scherenschnitt von ihm, meinem Urgroßvater.

Die Erzählungen stammen aus der Familie, und ich habe sie aufgeschrieben. Es gab eine Verschwörung gegen die Prinzenfamilie, und der Urgroßvater wurde nach Seeland verbannt, da er aufgrund seiner Erziehung zum königlichen Hause hielt. Er starb mit neunundvierzig Jahren bettalarm als Totengräber. Meine Tante hatte aber diesen Dünkel und meinte, wir hätten etwas von der Prinzenfamilie in der unsrigen. Die Familie – mütterlicherseits – hatte alles verloren und kam 1848 nach Hamburg und Altona.

Ein Bild vom Kaiser, Kaiser Wilhelm II., habe ich noch und auch ein Bild vom Enkel, der ja noch lebt. Das habe ich mir aus einer Zeitung herausgeschnitten. Das Bild zeigt den Kaiserenkel zu Pferde. Vor gar nicht langer Zeit habe ich ihn zu meiner Freude auch im Fernsehen gesehen, er lebt also noch. Wir haben jedenfalls große Verehrung für das ganze Haus gehabt. Sechs Söhne, da kann man sich vorstellen, daß da viele Nachkommen sind. Die Königin Sofia beispielsweise ist eine Urenkelin vom Kaiser.

Ich wurde in Geestemünde geboren. Dort wo die Geeste in die Weser mündet. Der Ort liegt bei Bremerhaven.

Mein Vater war Kapitän, in Ostpreußen geboren. Er kam hierher nach Norddeutschland und hatte einen Vertrag mit der Norddeutschen Lloyd. Sieben Jahre, auf sieben Jahre mußte er sich verpflichten. Er fuhr von Bangkok ... *Martha Sydath zeichnet mit der Hand einen halbrunden Bogen* ... so ganz herum. Die Route durch das Südchinesische Meer von Thailand nach Hongkong. Die Fahrt dauerte wohl Wochen auf dem Schiff, einen Küstendampfer nannte er es ...

Darf ich Ihnen mal das Bild zeigen? Mit seinen Chinesen an Bord ...

Stolz bekommen wir das alte Foto gezeigt. Martha Sydath dreht das Foto um und liest.

Hier steht es ja ... Kapitän August Schulz im fünfzigsten Lebensjahr mit seiner Schiffsbesatzung in Bangkok um das Jahr 1910.

Ja, ich habe den Vater wiedergesehen. Mit neun Jahren, da kam er nach sieben Jahren wieder und da ... Guten Tag, Papa ... Er sagte gar nichts, fast fremd. Und dann fuhr er nach ein paar Monaten wieder weg. Er wurde dann später interniert, wir Deutschen waren ja im Krieg, und verlor alles Geld. Er kam ganz arm zurück. Kleine

Fahrten für den Norddeutschen Lloyd hat er noch unternommen, nach seiner endgültigen Rückkehr. Nach Norwegen, Holz wurde geladen. Er schrieb mitunter einen Brief. Gesehen habe ich ihn wenig. Und er konnte dann sogar noch Ersparnisse machen und ein kleines Haus bauen. In Quickborn, in Schleswig-Holstein, wo sein Sohn noch mitleben konnte und seine Enkelkinder aufgewachsen sind. Drei Enkelkinder, und jetzt lebt ein Enkel noch dort. Also, er hat doch noch für alle gesorgt.

Ja, er war ein Ostpreuße, und die Ostpreußen sind ein guter Schlag. Wirklich. Und so bedürfnislos dabei. Nur für meine Mutter ... sie war mit vier Kindern allein. Sie war nicht gesund, hatte etwas mit den Nerven, war sehr empfindsam, und ich war eigentlich überflüssig.

Ein Mädchen und zwei Jungs, und dann kam ich auch noch als Nesthäkchen. Ich kenne meinen Vater eigentlich nur von den Postkarten, die er schrieb ... Sieben Jahre ... Und als er 1902 wieder wegfuhr, da konnte meine Mutter das wohl nicht mehr aushalten und ist dann einfach weggezogen nach Altona.

Da wohnte ihre Mutter, meine Großmutter, die einzige, die ich hatte. Da meine Mutter krank war, hat die Großmutter zunächst die beiden ältesten, meine Schwester und meinen Bruder, aufgenommen. Mein Bruder August und ich blieben bei der Mutter, aber nicht lange Zeit, dann nahm die Großmutter auch uns zu sich, weil die Mutter uns nicht versorgen konnte. So ganz genau erinnere ich das nicht, ich war ja noch so klein. Aber mit drei Jahren, erinnere ich, daß ich *ich* zu mir sagte, daß *ich* da war auf der Welt. *Ich* bin drei Jahre alt ... da kam mir das Bewußtsein, daß *ich* bin, ich existiere.

Ich sehe mich noch in einem Zimmer sitzen. Es war dämmerig und eine große Badewanne, eine Zinkwanne ... da saß ich mit meinem Bruder im Wasser. Wir planschten, er hatte nämlich Mumps. Meine Mutter dachte wohl, dann kann die Kleine das gleich mitkriegen, ein Abwaschen. Damals wohnten wir in einem kleinen Häuschen, Am Felde hieß die Straße. Dort fuhr so dicht die Bahn vorbei, daß wir beiden Kinder nicht raus durften. Wir zogen noch einmal um, bevor auch wir zur Großmutter kamen.

Großmutter hatte die ganze Arbeit mit uns vier Kindern. Und wenn sie nicht strenge gewesen wäre, hätte sie es nicht machen können. Wie es eben üblich war, die Großmütter waren damals strenge, während wir heute alles durchgehen lassen.

Eine Freundin hatte ich. Und wir waren täglich an der Elbe ... an der Elbe. Da war die Elbe noch schön, und es wurde gebadet. Großmutter und die Tante Elise, ja! Aber ich? Nein, ich konnte nie lange im Wasser bleiben. Ich bekam immer so sehr großen Hunger und fror sehr schnell. Von der Schule aus gingen wir zum Bismarck-Bad, da mußte ich mit.

Wir Kinder spielten im Sand und machten Kuhlen. Der Sand, das war Zucker ... Eine schöne Erinnerung: Das Leben an der Elbe. Und war dort das Silohaus? Nein, das kam später. – Es roch dort unten immer nach Haferflokken, nach Hedlich-Haferflocken, in Neumühlen an der Elbe. Und große Baumstämme lagen dort, und Anni, meine Freundin, und ich kraxelten herum. Es war herrlich! Die Zeit war schön, die Kinderzeit.

Die Mutter kam einmal, zweimal, aber sie konnte nicht

nach oben in die Wohnung. Sie verstand sich nicht mit ihrer eigenen Schwester. Diese jüngere Schwester meiner Mutter, also unsere Tante, kümmerte sich mit um uns Kinder. Sie besorgte allerlei, bei den Behörden, sie machte in der Schule die Unterschriften beim Zeugnis. Sie konnte das, sie wollte ja Lehrerin werden. Zwar lebte sie in einer eigenen Wohnung, kam aber häufig. Im Haushalt der Großmutter lebte noch eine Tochter. Die war als Kind auf den Kopf gefallen und konnte nicht mehr so richtig klarkommen. Sie war unselbständig, aber sie konnte gut arbeiten und half der Großmutter. Wir wußten nicht, wo sich unsere Mutter aufhielt, wir waren noch zu klein. Ich habe die Mutter erst sehr viele Jahre später wiedergetroffen, kurz vor ihrem Tode. Ich war schon verheiratet. Das war 1924. Sie war sehr krank, und wir haben sie bei uns aufgenommen. Einige Wochen später starb sie mit sechzig Jahren. Sie kam noch ins Krankenhaus, in ein jüdisches Krankenhaus.

Wenn ich denke, wie schwierig die Situation für meine Großmutter war. Zunächst schickte mein Vater Geld. Ich habe Klavierunterricht erhalten. Mit zehn Jahren fing ich an, da kam noch Geld durch aus Hongkong und Bangkok. Als dann der Krieg ausbrach, kam kein Geld mehr, und ich mußte ein Jahr früher aus der Schule heraus. Mit vierzehn Jahren mußte ich raus.

Zunächst blieb ich daheim. Mit sechzehn ging ich ein halbes Jahr auf eine Handelsschule und dann in eine Buchhaltung, Otto Meister in der Hermannstraße. Das war eine große Verlagsbuchhandlung. Da war ich sehr gerne, aber ich war blutarm und habe es nicht lange durchgehalten. Wir mußten am Sonnabend arbeiten und häufig am Sonntag auch noch. Das war eben so. Sonnabends waren die Geschäfte von morgens bis abends geöffnet. Und sonntags mußte ich besonders früh raus, da ich ja ganz von Altona nach Hamburg mußte und die Verbindung nicht gut war. Altona gehörte damals nicht zu Hamburg, und wirklich, die Altonaer wären gern für sich geblieben. Eine Stadt an der Elbe, an der schönen Elbchaussee, wo die Hamburger Kaufherrn auch gerne wohnten. Natürlich auch gern an der Alster.

Wie es möglich war, die ganze Woche zu arbeiten? Jemand mußte auch für die Wäsche sorgen und einkaufen gehen. Ich konnte mich nicht um die Dinge kümmern, ich war ja in Stellung, in der Buchhandlung. Die Großmutter stand um vier Uhr früh auf, wusch und machte den Haushalt.

Meine Schwester war schon nicht mehr im Hause. Sie war als Kinderfräulein bei Juden. Bei reichen Juden. Sie machte alles. Mit Kindern die Schularbeiten und fuhr auch immer mit nach Bad St. Peter-Ording. Dort machte die jüdische Familie regelmäßig Urlaub, einen Kuraufenthalt. Meine Schwester hatte es dort sehr gut, die Köchin wurde auch mitgenommen, der ganze Haushalt sozusagen.

Ich weiß nicht, was aus dieser Familie geworden ist, ob sie von den Nazis deportiert wurden oder den Holocaust überlebten.

Nein, das weiß ich nicht. Ich muß auch sagen, daß ich ein bißchen verträumt war. Ich war sehr viel für mich, gern allein. Vielleicht habe ich das auch von meiner Mutter geerbt …

Mein ältester Bruder hatte eine Stellung bei einem Kaufmann in Hamburg. Er hatte als Kind die Englische

Krankheit, Rachitis. Der Fuß war etwas verkürzt, und damit war er dienstuntauglich und mußte 1914 nicht in den Krieg. Er arbeitete aber im Bekleidungsamt in Harburg. Er humpelte ein bißchen und blieb unverheiratet. Meine Schwester heiratete sehr spät, 1942, glaube ich. Ihr Mann war Steward auf dem großen Dampfer, Cap Arkona. Nachher war das ein Lazarettdampfer. Er starb, weil er ein Raucher war. Er hatte Raucherbeine und sagte immer, man mache sich wohl blauen Dunst vor. Er konnte es nicht aufgeben.

Für mich war die schönste Zeit, als ich mit zwanzig meinen Mann kennenlernte. Unter welchen Umständen man als junges Mädchen 1920 einen Mann kennenlernen konnte? Beim Tanzen war es nicht. Nein, ich hatte die Stellung in der Hermannstraße aufgegeben, weil der Arzt dazu riet. Und so kam ich später in eine Motorenfabrik, in der Holländischen Reihe. Als Kontoristin, da schrieb ich Schreibmaschine und Stenographie, die kann ich heute noch. Das habe ich beibehalten. Und dann mußte ich Zeichnungen ins Rathaus Altona bringen ... und dort war mein Mann beschäftigt. Ich mußte auch in der Firma mal zeichnen, das konnte ich. Und im Rathaus hat mich mein Mann mal entdeckt. Er ist mir nachgegangen. Und so kam es dann ...

... und dann kam der Wolfgang, unser Ältester. Aus seinem Jahrgang meldeten sich alle freiwillig. 1939. Da war er siebzehn Jahre alt. Als Kradfahrer. Die meisten sind nicht wiedergekommen. Aber er kam wieder. Die meisten aus der Klasse kamen nicht wieder, sie wurden gleich eingesetzt. Er kam wieder. Sie sehen, es ist immer gutgegangen ...

Wirklich. Es ist immer gutgegangen. Der Zweite, unser zweiter Junge, war als Fünfzehnjähriger im Wehrertüchtigungslager. Mit fünfzehn Jahren wurden die ja eingezogen, in Dänemark, ganz oben nach Ålborg kam er. Es hat ihm aber gefallen. Mit fünfzehn Jahren denkt man noch nicht so weit.

Ich selbst war im Zweiten Weltkrieg in Hamburg, ja ... Wir wohnten bei der Bahrenfelder Rennbahn in der Siedlung Steenkamp. Dort wohnten wir ganz schön, und eine Ulmenchaussee führte zum Bahnhof ...

Es scheint, als ließe Martha Sydath ihre Erinnerungen und Bilder des Zweiten Weltkrieges, in dem auch Hamburg schwer bombardiert wurde, nicht zu. Sie überlegt einen kurzen Moment und nimmt den Weg der Kindheit wieder auf.

Die Schwester war sehr tüchtig, die Lehrerin sagte manchmal zu mir: «Nimm dir ein Beispiel an deiner Schwester.» Sie war sehr fleißig, hatte später auch eine gute Stellung. Ich bin ja in Altona zur Schule gegangen, in die Mädchen-Mittelschule ... und die Knabenschule war auch dabei. Aber im Kriege sind beide Schulen wegrasiert ... ich habe die Plätze noch mal aufgesucht, habe dort gestanden ...

O ja, ich habe noch Erinnerungen an den Unterricht. Oh, der war sehr schön, doch. Wir waren vierzig Mädchen. Das war sehr viel, war ein bißchen sehr viel, sehr begabte Mädchen darunter. Und die Erste in der Klasse hieß auch Martha, so wie ich. Und die wurde nachher meine Freundin – ich weiß nicht, was sie an mir hatte. Wir lernten dann die Lehre von Rudolf Steiner kennen, er gründete 1913 die Anthroposophische Gesellschaft. Wir hörten uns Vorträge zusammen an. Die Lehre habe ich auch den Söhnen vermittelt. Das war sehr gut. Von Steiner geht es immer weiter … bis zu den Rosenkreuzlern.

Martha Sydath führt die Beziehung zu der Bruderschaft der Rosenkreuzer, ursprüngliche Schreibweise Rosenkreutzer, nicht aus. Zur Erklärung: Die geheime Bruderschaft mit mystisch-reformatorischen Zielen geht zurück auf eine Ende des 14. Jahrhunderts gegründete, mönchsähnliche Bruderschaft. Ziel war die Reform der religiösen, kulturellen und politischen Verhältnisse. Einzelne Freimaurerlogen haben die Ideen später aufgegriffen. Am Hofe Friedrich Wilhelms II. von Preußen sollen sie ebenfalls eine Rolle gespielt haben. Anfang des 20. Jahrhunderts tauchten verschiedene geheime und pansophische (sich der Gesamtheit aller Wissenschaft verpflichtet fühlende) Vereinigungen auf, die sich die Ideen zu eigen machten.

… Rudolf Steiner? Man sagt, er sei vergiftet worden, oh, er war gut, er war … ja, ich habe ihn selber nicht gekannt, aber eine Bekannte von mir, eine Schwester Elisabeth, die hat ihn erlebt und erzählte, daß er sehr schnell sprach und gute Vorträge hielt. Ich war damals in der Christengemeinschaft. Das war so eine abgespaltene Abteilung von der Anthroposophie … ja, ich war natürlich damals Feuer und Flamme für die Sache.

Es war schon eine Reformbewegung, wir verstanden uns so. Goethe sagte auch schon: «Wer immer strebend sich bemüht, den können wir erlösen.» Er ist zwar kein Anthroposoph, aber er war doch einer unserer größten Dichter. Goethe. Und Schiller, den muß ich auch erwähnen.

Ich habe mich immer für musische Dinge interessiert, wir hatte eine wunderschöne Büchersammlung. O ja, meine Bücher, die sind da oben drin, da können nur meine Söhne herankommen. Die sind beide sehr groß – wenn die mal hier sind. Meine Lieblingsbücher habe ich hier, griffbereit. Vielleicht, weil ich so alt bin, ich habe eine Neigung zu Grenzwissenschaften religiöser Art. Ich beschäftige mich mit Gott. Da hat man den besten Halt.

Ob ich immer gläubig gewesen bin, oder ob das etwas ist, was mit dem Alter kommt? Großmutter schickte uns als Kinder, uns vier Kinder in Altona, in die Petri-Kirche. Dort habe ich mich sehr wohl gefühlt, die schönen biblischen Geschichten … und überhaupt.

Es gibt etwas, was ich der jungen Generation für das nächste Jahrhundert, für das nächste Jahrtausend empfehle. Es gibt nur eins, eine Lösung. Aber die ist nicht durchzuführen auf unserer Welt. Weil sie alle Gott ablehnen, die jungen Leute. Satan, der ihnen alles verspricht. Überhaupt, was so in der Welt passiert … das ist ja alles … Es ist ja nichts mehr tabu. Alles zu offen – für meine Begriffe.

Man muß die jungen Leute so lassen, eine große Katastrophe … vielleicht kommen sie dadurch zu einer Besserung, zu einer inneren. Sie leben alle nur für ihren Körper, da kann man ja nichts machen. Sex. Sie leben ja alle für den Sex. Was soll man da tun? Man kann ihnen keine Vorwürfe machen. Das kann man auch nicht. Sie wollen nichts hören, keine Moralpredigten. Das würde auch gar nichts nützen. Ich glaube, die müssen erst durch schlimme Situationen durch, ehe sie aufwachen, die jungen Menschen.

Wurde denn mein Leben durch die Katastrophen, durch die zwei großen Kriege unseres Jahrhunderts bestimmt? Nein, das kann ich so nicht sagen. Meine Art war zu suchen, ich habe gesucht. Ich habe gesucht, und ich kann wohl sagen, daß ich gefunden habe. Und es kann kommen, was will, man muß zu den Dingen stehen. Bis jetzt habe ich es so gut gehabt, daß ich mich wundere. Warum gerade ich? Und viele, die so viel durchmachen müssen, fragen, warum ich? Die ihre Kinder verlieren, und all die Flüchtlinge heute wieder, warum ich? Und ich sage auch, warum ich? Aber aus einem anderen Grunde. Weil ich durch alles gut hindurchgekommen bin.

Ich glaube nicht, daß ich in meinem Leben andere Entscheidungen getroffen hätte, wenn ich so zurücksehe und noch einmal die Möglichkeit bestünde. Nein. Ich bin sehr unselbständig gewesen, im ganzen. Ich kam von der Mutter zur Großmutter, dann heiratete ich. Ja, ich sitze hier und treffe so kleine Entscheidungen, die ich damals nicht traf, denn mein Mann war ... wie soll ich sagen, na ja, ich überließ ihm alles. Meist mit einem guten Gefühl. Ja ... manchmal nicht. Nein, denn ich fühlte es selbst: Ich war unselbständig, ich hatte nicht so viel Ahnung von allem, er sagte mir auch eigentlich nichts, na ja, ich hätte ihn fragen können. Gewiß. Aber ...

Sie meinen, ich strahle eine große Zufriedenheit aus?

Ist wahr? Ja? Das ist ja gut. Die Zeiten sind ja auch ... man entwickelt sich auch etwas. Ich bin Spätentwicklerin, möchte ich sagen. Die Hebammenschwester, die meinen Sohn Rolf geboren hat, die mithalf, ihn zur Welt zu bringen, sagte: «Na, Mutter, lange Leitung.» Also, ich begriff schwer. Und nun dürfen Sie nicht vergessen, die Ostpreußen. Mein Vater jedenfalls, der Ostpreuße, war so ein richtig bäuerischer Schlag, er war übrigens zuerst Fischer und hat sich dann zum Kapitän hochgearbeitet. Aber zurück zu mir. Ich war auch immer ein bißchen ich-bezogen, wie man das nennt. Um nicht zu sagen, daß ich ein bißchen egoistisch war. Das wird man leicht, mit den Geschwistern habe ich nicht so viel gesprochen, ja, mit dem älteren Bruder schon.

Ich habe auch Gesangsunterricht gehabt. Und zwar 1950, da war ich fünfzig Jahre alt … aber nach zwei Jahren Unterricht habe ich aufgehört, ich habe erst wieder hier im Altenheim gesungen. Mein Mann und ich hatten unsere eigenen Zimmer – ich schlief immer schlecht, brauchte mein Leben lang wenig Schlaf, sehr wenig, ich bin immer auf.

Im Alter habe ich mich erinnert, was meine Lehrerin mir alles gesagt hatte, und so habe ich frühmorgens immer meine Übungen gemacht, bei geschlossenen Türen, und seitdem kann ich singen, und noch singen. Ein paar Töne tiefer, ja, aber …

Wenn ich ganz jung angefangen hätte, wäre ich sicher zum Sopran gekommen, aber das sollte nicht sein. Ich singe jetzt so gern, alle Frühlingslieder, viele geistliche Lieder … «Hell ins Fenster scheint die Sonne» oder «Unsere Wiesen grünen wieder». Wenn ich allein bin, singe ich oft. Mit meinem Mann, er ist 1991 verstorben, habe ich zusammen auch viel gesungen. Einmal bin ich auch tatsächlich bis zum hohen C gekommen. Meine Schwiegermutter war Chorsängerin bei der Oper. Ich hatte keine großen Begabungen. Jetzt, wenn ich jung wäre, aber das sind kleine Träumereien. Ich bin ganz zufrieden so; wenn ich jung wäre, würd ich wohl Sängerin, Pianistin oder irgend so etwas. Mein Mann hörte gern, wenn ich spielte. Und wenn mein Junge montags oder dienstags anruft, spielt er mir ein Ständchen. Der große ist jetzt schon siebenundsiebzig! ... Schön. Die Söhne. Es ist schön, wenn sie kommen, der eine aus Süddeutschland und der andere aus dem Oldenburgischen.

Weihnachten haben sich beide hier getroffen, das war sehr schön ... Der Ältere, der spielte Geige, der andere hatte große Sprachkenntnisse, waren kluge Jungs ... und wir hatten ein Klavier, ein Cello und spielten manchmal zusammen.

Die waren beide dreißig, bis sie heirateten ... und der Älteste studierte ja, wurde Arzt nachher. Nervenarzt, und der Junge war beim Hochbau in Altona, er hatte seine Stube für sich und spielte Klavier, hatte Unterricht, ich gab ihm auch Unterricht, das war ihm nicht so recht.

Wir wohnten damals in Hamburg 52, postmäßig war das Klein-Flottbek, aber eigentlich Groß-Flottbek. Damals kostete eine Karte noch fünf Pfennig, und hier habe ich noch das Notgeld. Sehen Sie, wie reich ich bin, oh! 1923. Damals mußte mein Mann auch das Geld mit auszahlen. Da mußten alle mithelfen. ... 15. September 1923 steht auf dem Schein. Wir sind in die Billionen gekommen. «Aushilfsschein der Stadt Altona». Fünf Millionen Mark, vier Namen stehen darauf, die kann ich nicht lesen. So klein geschrieben ... ist nicht auch Schnackenburg dabei? Das war unser Bürgermeister damals, die Schnackenburg-Allee haben wir ja noch in Hamburg.

Gudrun Reher

Eigentlich bin ich eine Berlinerin

Frieda Haenel

Jahrgang 1900

Als ich Frieda Haenel treffe, trägt sie ein luftiges Sommerkleid. Trotz ihres hohen Alters legt sie Wert auf ihr Äußeres. Eine Dauerwelle wolle sie nicht mehr, hat sie der Friseuse gesagt, aber die Haare hat sie sich in einem hellen Braun tönen lassen – grau wollte sie nie werden. Das Auffallendste an ihrer schmalen Erscheinung ist der Schalk, der ihr im Nacken sitzt, und die Augen:

«Darüber wurde jetzt noch mal bei uns debattiert, über mein Aussehen und über meine Augen, da haben meine Bekannten so sehr hervorgehoben, daß ich so lustige braune Augen habe.»

Frieda Haenel stammt aus Ratswalde, einem kleinen Dorf in der Nähe von Königsberg. Ihr Vater war Gärtner auf einem großen Gut, dem Heinrichshof, der den Kuverts gehörte, vielleicht von Kuvert, aber daran erinnert sie sich nicht mehr so ganz genau. An das Gärtnerhaus, in dem die Familie gewohnt hat, um so besser:

«Am Abend wurde eine Petroleumlampe angezündet, dann hat Vater vorgelesen, und wir Kinder haben Handarbeiten gemacht, die Jungen haben gebastelt, wir hatten eine schöne Familie, das gibt's heute gar nicht mehr. Der Vater war sehr belesen, er bekam immer die Gartenlaube. Wir haben immer gesagt, so ein schlauer Mensch. Der Vater hatte das große Gewächshaus zu betreuen, den Gemüsegarten, einen Blumengarten ... Und es gab große Karpfenteiche. Jeden Herbst beim Abfischen wurde das Wasser aus den Teichen gelassen.» Ihre Familie hat aber niemals einen Karpfen abbekommen. Ihren ersten Karpfen hat sie bei Anna Schilling gegessen, der Frau ihres Neffen Georg, da war sie schon fünfundneunzig. Es gab noch viele schöne Sachen auf dem Hof, die der Vater geerntet hat, die die Kinder des Gärtners aber nicht essen durften. Spargel zum Beispiel. Aber die Gutsherrin hatte die kleine Frieda in ihr Herz geschlossen:

«Manchmal bin ich zum Gutshaus rübergelaufen und habe geklopft, und wenn die Gutsherrin fragte: ‹Wer ist denn da?›, dann habe ich immer gerufen: ‹Hier ist Mäuseschwänzchen.› An die Gutsherrin erinnere ich mich sehr gerne. Einmal im Jahr wurden wir Kinder ins Gutshaus gebeten, das war immer kurz vor Weihnachten, und dann hat sie mit uns Kindern Handarbeiten gemacht, in ihrem besten Zimmer durften wir sitzen, an einem wunderbaren Tisch, das gab es früher nicht so oft, das war etwas ganz Besonderes, daß die einfachen Kinder mit den Gutsherrschaften an einem Tisch sitzen durften. Ich kann mich noch ganz genau an Weihnachten besinnen. Zu Hause hat das Muttchen jedem Kind einen bunten Teller gemacht, das waren die schönsten Geschenke, die bunten Teller, mit Äpfeln und Nüssen, die Erinnerungen daran sind so schön.»

Sie denkt gerne zurück an Ostpreußen. Auf dem Gut

gab es Kühe und Schweine, aber vor allem Pferde. Aber Reiten hat Frieda nie gelernt, was sie aus heutiger Sicht ein bißchen ungewöhnlich findet:

«... denn wer konnte, der durfte auch mal aufs Pferd, es waren ja große, wunderbare Tiere, die wir da hatten, ganz in der Nähe waren ja die Trakehner, ganz wunderbar, wenn ich daran denke ... Trakehnen war ja unser Goldstück, ich war mit meinen Eltern oft da. Der Otto, der hat das da geführt, heute gibt es Trakehnen nicht mehr. Anna, die mit Georg Anfang der neunziger Jahre Trakehnen besucht hat, hat mir erzählt, daß kurzfristig sogar mal ein Kino in der großen Reithalle war ... und es waren Milchkühe auf dem Hof, die standen bis zu den Schultern im Modder, traurig ist das.»

Otto war Frieda Haenels Bruder. Sie war die jüngste von neun Kindern mit fünf Brüdern und drei Schwestern. Alle wurden in der kleine Dorfschule zusammen unterrichtet, die Ältesten saßen hinten, die Jüngsten vorne.

«Ich denke gerne an meine Schulzeit. Wir haben Rechnen und Schreiben gelernt, die Sütterlinschrift, die mußten wir uns später wieder abgewöhnen. Wir Mädchen haben auch Häkeln und Stricken gelernt. Ich habe auch Tischdecken gemacht, mit Kreuzstich und Hohlsaum, das könnte ich heute noch, aber meine Augen sind nicht mehr so gut. Ich habe auch viel gestrickt, Handschuhe und Pullover, später habe ich Kissen gehäkelt. Nach der Schule mußte ich immer auf dem Hof mithelfen. Ich hab der Mutter auch beim Einkochen geholfen, man konnte ja noch nichts einfrieren. Das Fleisch wurde auch gepökelt oder in Salzlake gelegt, der Kohl wurde gekocht. Meine Mutter hat überall geholfen, auch bei der Erdbeerernte.

Eigentlich durfte man nichts behalten, wir wurden wie Leibeigene gehalten, aber ab und zu zweigte die Mutter etwas für uns ab. Sie hatte unter der Schürze einen Beutel, und da hat sie immer ein bißchen eingesammelt und zu Hause erst mal versteckt, das durfte ja auch der Vater nicht wissen, denn man mußte ja immer ehrlich sein. Sie hat es zu Hause im Alkoven versteckt, und wenn wir dann aus der Schule kamen, dann hat sie die Erdbeeren verteilt. Ich habe auch beim Wäschewaschen geholfen. Meine Mutter hatte in der Waschküche einen großen Wäschekessel, in dem die Wäsche gekocht wurde, auf einem Schrubbelbrett wurde sie dann noch weiter bearbeitet. Mit viel Wasser wurde sie dann in einem anderen Kessel gespült. Ich mußte das Wasser dafür aus einer Pumpe holen, das kann man sich heute kaum noch vorstellen. Nachdem alles fertig gewaschen war, brachte man es zum Bleichen und Trocknen nach draußen. Die Bettwäsche wurde später gemangelt, in einem Ungetüm, das aus einer langen Holzwalze bestand, mit Steinen beschwert wurde und mit der Handkurbel bedient werden mußte.»

Einmal, erinnert sich Frieda Haenel, war sie an der Kurischen Nehrung. Sie liebte die Kiefernwälder, das Auf und Ab der Sandhügel, die hohen Farne, vor allem die Adlerfarne.

«Entlang der See wuchs auch die blaue Stranddistel, eine der schönsten Pflanzen des ganzes Ostens. Wenn man nach einer sturmbewegten Nacht früh genug zur Stelle war und am Ufer des Meeres den Tang aufhob, fand man dazwischen häufig Bernsteinstücke in verschiedenen Größen, manchmal waren Tiere und Blätter eingeschlossen, das war das Größte.»

Frieda Haenel denkt auch oft an Königsberg, wohin sie manchmal zum Einkaufen oder in die Oper fuhr. Die Familie war musikbegeistert. Ihre Schwester Martha spielte Flöte, ein Bruder Geige, alle waren sehr musikalisch, man besaß zu Hause sogar ein Grammophon mit Schallplatten des italienischen Tenors Enrico Caruso.

Weil es ihr mit vierzehn in Ostpreußen zu eng wurde, bettelte sie ihren Vater an, ihr Geld zu geben, um nach Berlin fahren zu können. Dort wohnten schon einige ältere Geschwister, Martha und Gertrude, genannt Trudchen. Zum erstenmal sah sie Automobile. Tausende Berliner hatten sich auf dem Potsdamer Platz versammelt, dem Startplatz für die «erste deutsche Autofernfahrt», unter ihnen das junge Mädchen aus Ratswalde. Die Wagen hatten ein für damalige Verhältnisse rasendes Tempo, sie fuhren mit zwanzig, ja fünfundzwanzig Kilometern Stundengeschwindigkeit, kurz vor Potsdam wurde das Tempo sogar auf achtundzwanzig Kilometer gesteigert. Die Rennfahrer brauchten drei Stunden bis Potsdam, weil Kühe, Hühner und Gänse den Weg versperrten.

«Es war ein ungeheuerliches Erlebnis, die Automobile wie gespenstische Schatten an sich vorbeigleiten zu sehen, derart schnell, daß die Augen nicht mehr folgen konnten.»

Das erste in Berlin zugelassene Auto gehörte dem Inhaber der Firma Rudolph Herzog. Der Wagen hatte das Autokennzeichen A 1. Als der Kaiser sein Auto bekam, wollte er nicht mit dem Kennzeichen A 2 durch die Stadt fahren und verhandelte mit Herzog. Der aber wollte sein Kennzeichen nicht wieder hergeben.

«Den Kaiser, den haben wir sehr gerne gehabt, ich vor

allen Dingen, das war ein bildschöner Mann. Ja, der sah sehr gut aus.»

Das Berlin, in das Frieda Haenel 1914 kam, hatte 2,7 Millionen Einwohner, aber Charlottenburg, in das sie zunächst zog, gehörte mit seinen 300 000 Einwohnern noch nicht dazu. Neben alten Landhaus- und neuen Villenvierteln, neben teuren Mietwohnungen um den Kurfürstendamm herum und nicht minder teuren am Kaiserdamm, besaß das sogenannte Schlorrendorf ausgedehnte Arbeiterbezirke. Die Stadt hatte eine Technische Hochschule, die Kurfürstenoper und das Schillertheater, den Zoologischen Garten und das Aquarium. Wenn Frieda Haenel zum Ku'damm wollte, sagte sie zu ihrer Schwester: «Ich fahre in die Stadt.»

Das Hauptstadtleben war für Frieda Haenel überwältigend. In Ratswalde hatte es einige Kneipen gegeben, in Berlin gab es 16 000, meist anheimelnd, verräuchert, gelegentlich anrüchig, immer aber originell, wie sich Frieda Haenel erinnert. Es gab Nachtclubs und Tanzpaläste, in denen Charleston getanzt wurde und die besten Kapellen spielten. Der Jazz löste die Opernarien ihrer Kindheit ab. Und ihre beiden älteren Schwestern Martha und Trudchen nahmen sie überall hin mit. Aber was damals ganz furchtbar war und niemand wissen durfte: Martha hatte ein uneheliches Kind, das ihre Mutter, die schon neun Kinder hatte, auch noch mit großzog.

«Mit Martha, der Schauspielerin, ging ich oft in das Café des Westens.» Oft sahen sie dort die Dichterin Else Lasker-Schüler mit dem Regisseur Max Reinhardt und der siebzehnjährigen Hedda Somin, die später die berühmten Käthe-Kruse-Puppen machte.

«In dem Café wurden täglich neue Weltanschauungen aus dem Ärmel geschüttelt und neue Helden auf den Thron gehoben. Bei den Berlinern hatte es schnell den Namen Café Größenwahn weg.»

In dieser Zeit war der Schauspieler Georg Thomalla umschwärmt, und er stand zusammen mit Martha auf der Bühne. Frieda durfte mit ihrer Schwester ins Theater gehen, wann immer sie wollte, und auch bei den Proben zuschauen. Einmal sagte Thomalla, sie solle sich mal melden, aber dazu war sie zu feige, sagt Anna, die Frau ihres Neffen. Nachdem sie ihren späteren Mann kennengelernt hatte, haben sie sich aus den Augen verloren. Sie verliebte sich gleich in Axel Haenel und wollte ihn sofort ihren Eltern vorstellen. Mit dem Zug fuhren sie von Berlin nach Königsberg, wo der Vater sie mit Pferd und Wagen abholte.

«Wir mußten damals als verlobt gelten, sonst durfte man ja gar nicht mit einem Mann ankommen. Für Axel war Ratswalde genauso aufregend wie Berlin für mich. Der hatte ja noch nie eine Kuh gesehen, der war ja aus der Großstadt.»

1922 heiratete sie dann den Berliner Handelsvertreter Axel Haenel und zog mit zu seinen Eltern, die in bescheidenen Verhältnissen lebten. Ihr Schwiegervater arbeitete als Bierkutscher – ihre Ablehnung gegen Alkohol stammt aus dieser Zeit.

«Aber ich hatte ganz liebe Schwiegereltern. Die haben uns ein Zimmer abgegeben, es war ja zur damaligen Zeit alles so knapp. Dort fing ich an, Schnittmuster herzustellen und zu verkaufen, damit konnten wir uns bald eine eigene Wohnung leisten, aber wieder nur ein Zimmer, aber es gehörte uns ganz allein. In dem Haus habe ich später dann mit meinem Mann ein Geschäft mit Schnittmustern eröffnet, dieses Geschäft habe ich bis Anfang der sechziger Jahre gehabt. Leider haben wir keine Kinder bekommen, nach einer Bauchhöhlenschwangerschaft ging das nicht mehr, das hat mich sehr gekränkt.»

In den dreißiger Jahren zog Frieda Haenel nach Spandau um, das wie Charlottenburg selbständige Stadt war und ungefähr zwölf Kilometer vom Berliner Zentrum entfernt war. Sechzig Jahre lebte sie in einer Zweieinhalb-Zimmer-Wohnung in der Zimmerstraße 6, im vierten Stock, mit Mann und Schäferhund, ohne Fahrstuhl:

«Wir sind das erste Mal in einen Neubau gezogen, es war damals so schwer, Wohnungen zu bekommen, und sie war sehr schön. Als sie halbfertig war, da sind wir schon eingezogen.»

Der Umzug mußte wegen eines neuen Hundes schneller als geplant erfolgen. Sie hatte Greif, einen winzigen Schäferhund, geschenkt bekommen, aber die Hauswirtin duldete keine Hunde. Sie versteckte ihn in einem Korb, aber das ging nicht lange gut, denn eines Tages bellte Greif, als sie gerade an der Vermieterin vorbeiging. Sie sollte den Hund sofort wieder abgeben. «Aber ich habe das kleine Hundchen so geliebt, und deshalb sind wir dann lieber in eine andere Wohnung gezogen.»

In dieser Zeit machte sie die schönsten Ausflüge, mit ihrem Mann, den Freunden, manchmal mit den Schwestern, immer aber mit Greif. Sie fuhren mit der Elektrischen in den Charlottenburger Schloßpark zu dem großen Teich, in dem uralte Karpfen schwammen, die sich durch Anschlagen einer Glocke zum Füttern herbeilokken ließen. Sie besuchten auch den «Zoologischen» mit seinen seltsamen Tieren und viel Militärmusik, zu der man seine Stullen bei einem kühlen Blonden in der Waldschänke verzehren konnte:

«Karl hat immer Bier bestellt, aber das mochte ich ja nicht, ich habe Apfelsaft getrunken. Aber auch gerne mal ein Glas Wein, aber einen ganz süßen, mein Mann hat sehr stark geraucht. Na ja, das habe ich auch durchgehalten.»

In den Sechzigern starb ihr Mann Axel. Auch weil sie sich danach in ihrer Wohnung in Spandau einsam fühlte, fing sie an, Wellensittiche zu züchten, nur für sich und zum Vergnügen. Die meiste Zeit hat Frieda Haenel hart gearbeitet. Ihre Wäsche hat sie stets mit der Hand gewaschen, nur ganz zum Ende ihrer Berliner Zeit schaffte sie sich noch eine Schleuder an, weil ihre Handgelenke zu schwach geworden waren und sie die Wäsche nicht mehr alleine auswringen konnte. Irgendwann hatte sie auch keine Lust mehr zu kochen, und die Nachbarn haben sie mitversorgt, aber da war sie schon fünfundneunzig.

1995 wollten ihre Verwandten sie nach Rissen holen. Aber sie wollte nicht aus Berlin weg und konnte sich nicht an den Gedanken gewöhnen, noch einmal umzuziehen. Sechzig Jahre binden, ob man will oder nicht. «Können wir es nicht noch ein bißchen rausziehen?» hat sie immer wieder gefragt. Aber dann ging sie doch, zuerst nur, weil die Wohnung schon gekündigt war. Bei ihrem Neffen Georg und seiner Frau Anna hat sich Frieda Haenel schnell eingelebt. Mit ihrem dreijährigen Enkelkind Steven wurde sie «ein Herz und eine Seele». Der Dreikäsehoch wollte dem Tantchen, wie sie nun genannt wurde, unbedingt noch Mau Mau beibringen, was aber verständlicherweise nicht mehr so recht klappen wollte. «Ich geb's lieber auf, sie lernt das nie», sagte der Knirps weise. Mit ihm lebte sie noch einmal richtig auf. Drei Jahre nach dem Umzug stürzte Frieda Haenel, brach sich den Oberschenkel und mußte operiert werden. Von nun an brauchte sie Betreuung rund um die Uhr. Sie zog noch einmal um, ins Seniorenheim nach Wedel. Die Operation hat sie gut überstanden. Sie kann sogar wieder laufen, allerdings mit Hilfe eines Gehwagens.

Über ihr hohes Lebensalter sagt Frieda Haenel folgendes:

«Da habe ich viel drüber nachgegrübelt, wie ist das möglich, daß ich alleine in der ganzen Familie so alt geworden bin. Ich habe nie geraucht, nie getrunken. Aber immer abends ein Schnäpschen getrunken, ja, das hab ich. Klosterfrau Melissengeist. Und jeden Abend habe ich mich mit Franzbranntwein eingerieben, das hat mir gutgetan, und das habe ich bis heute beibehalten, das habe ich immer noch in meinem Haushalt. Besonders gesund habe ich nicht gelebt, was die Ernährung angeht, immer fettes Fleisch, nie Schwarzbrot, immer Weißbrot, und am liebsten Süßigkeiten. In Ostpreußen sagte man, da muß noch ein bißchen was auf die Rippchen.»

Ein wenig wird es doch mit ihren Genen zusammenhängen, daß sie so alt geworden ist, denn ihre Eltern wurden immerhin weit über achtzig. Sie haben Ostpreußen erst 1944 verlassen. Martha holte die Eltern nach Berlin, wo sie bis zu ihrem Tod in den sechziger Jahren lebten.

Als Frieda Haenel noch bei ihren Verwandten wohnte, hat sie gern ferngesehen. Über die Sexfilmchen beim Zappen hat sie sich mehr amüsiert als geärgert. Am liebsten sah sie am Vormittag Bundestagsdebatten, um am Nachmittag darüber zu diskutieren. Sie war an allem interessiert, war neugierig, wollte wissen, was in der Welt passiert. Gelesen hat sie auch, nicht die große Literatur, sondern Unterhaltsames, Zeitschriften und Liebesromane. Lesen kann Frieda Haenel immer noch ganz gut, mit der Brille oder der Lupe. Aber jetzt hat sie keine Lust mehr dazu. Daraufhin wirft Anna Schilling lachend ein: «Das hast du jetzt alles abgestellt, selbst das Naschen hast du abgestellt, ich muß aufpassen, daß du nicht alt wirst.»

Ursula Richter

Ich wachte eigentlich erst auf, wenn ich gebeten wurde zu singen

Gertrude Schümann

Jahrgang 1898

Am ersten Dezember 1898 wurde frühmorgens um vier Uhr dem Gutsherrn Richard Schümann und seiner Hamburger Frau Hedwig geb. Grallert in Reichau in Ostpreußen – das ist ungefähr hundertvierzig Kilometer südlich von Königsberg – eine Tochter geboren. Es war das vierte und letzte Kind der Eheleute, zwei Söhne und eine Tochter, erheblich älter, waren schon da. Das eben geborene Kind war kaum lebensfähig, es hatte Brechdurchfall, was damals fast einem Todesurteil gleichkam. Aber es überlebte, und keiner hat wohl für möglich gehalten, daß es hundert Jahre später in geistiger Frische zusammen mit fast 120 herbeigeeilten Gästen seinen Geburtstag feiern würde …

Die Eltern nannten das kleine Mädchen Gertrud, wohl nach einer Tante. Aber der Standesbeamte hängte ein e an, und so wurde der klangvolle Name Gertrude Schümann geboren! Sie bekam später noch viele Namen: Trude, Trulle, Tante Trudchen; Tützelchen sagte die Freundin Erika Rieck (die Freundschaft hielt ein Leben lang!) und Schü oder Schüchen die vielen Kolleginnen und Schülerinnen und Schüler. Aber das ist weit vorgegriffen.

Zunächst wuchs sie in die ostpreußisch-landwirtschaftliche Welt hinein, mit vielen Menschen und Tieren um sich herum, liebte die Eltern und die Geschwister, hatte Respekt vor der alles dirigierenden Wirtschafterin, Fräulein Emma, und flocht dem Vater aus den restlichen Haaren kleine Zöpfchen.

Ein nie vergessenes Ereignis fiel in die frühen Jahre: Der älteste Bruder ging mit den Jägern los zur Entenjagd. Die kleine Schwester erfaßte plötzlich eine entsetzliche Angst, rannte auf kurzen Beinchen den Männern hinterher und rief: «Wernerchen, Wernerchen, laß dich nicht erschießen!!» Wenige Stunden später wurde der Bruder und Hoferbe tot, im Boot seines Vaters durch eine verirrte Kugel getroffen, auf den Hof getragen. Nichts war danach mehr so wie vorher.

Ganz früh entdeckte das Kind in sich seine große Liebe: Das Singen! Eine der ersten Erinnerungen überhaupt ist die Situation, daß es einer Besucherin der Mutter zeigen soll, wie es zu Kinderliedern, die es alle singen kann, auch die zweite Stimme finden kann. Da war es vier Jahre alt! Gertrude Schümann weiß heute nicht mehr, was sie damals sang, sie weiß nur noch, daß sie dabei sehr glücklich war, wie immer, wenn sie nur singen konnte. Sie schreibt:

«Ich war sonst eher ein schweigsames Kind und wachte eigentlich erst auf, wenn ich gebeten wurde zu singen. Mein Vater phantasierte oft auf dem Klavier. Das waren für mich die schönsten Augenblicke. Da saß ich still in einer Ecke und wünschte, es würde nie aufhören. Aber wenn er ein Volkslied spielte und ich mitsingen durfte, das erschien mir als das Schönste, was es auf der Welt gab.

Später bekam ich eine Laute und konnte mich auf ihr selbst begleiten. Als ich nach Königsberg zur Schule kam, lernte ich auch Klavier spielen. Dann saß ich selbst am Klavier, spielte und sang. Singen war das einzige Fach, in welchem ich in allen Zeugnissen ein ‹Sehr gut› bekam. Singen war damals schon mein Leben, aber die Idee, Sängerin zu werden oder einen Beruf zu wählen, der Musik zum Inhalt hatte, das war mir nie in den Sinn gekommen.»

Es gab etwas sehr Bedrückendes in diesem jungen Leben: schon das Kind erlebte sich als häßlich. «Ich hatte eine kleine, pummelige Figur, dicke Fesseln und Waden, und mein Gesicht hatte mir schon viel Kummer gemacht.» Taktlose Lehrerinnen hatten diese «Komplexe» verstärkt, und so wurden sie «schließlich lebensweisend». «Ja, sie (diese Komplexe) wurden wirklich ausschlaggebend für zukünftige Entschlüsse.»

So begann die junge Gertrude nach Abschluß der Schule eine Ausbildung zur landwirtschaftlichen Lehrerin auf einer Maidenschule in Metgethen bei Königsberg. Dort «lernte man alles, was mit häuslichen Tätigkeiten zusammenhing, und was vor allem eine Landfrau können mußte». Sie wählte diesen Weg gerade deshalb, weil er ihr gar nicht lag, weil sie bei sich in den realen Dingen des Daseins ein großes Defizit erkannt hatte.

Es war Winter 1916/17, da sie dort begann, und es «war wohl der ärgste Kriegswinter, den die Bevölkerung durchzustehen hatte. Schließlich gab es bei uns nur noch Suppen aus Dörrgemüse, und dann haben wir noch vor Hunger Wasser getrunken, um den Magen zu füllen.

Warum die Leiterin die Schule nicht schloß, ich weiß es

nicht. Mußte man auf jeden Fall tapfer durchhalten? Der Erfolg war, daß ich nach einem Jahr so entkräftet war – und nicht nur ich –, daß ich sechs Wochen zu Hause gelegen habe, weil ich vor Rückenschmerzen und Schwäche nur mühsam sitzen und gehen konnte.

So bedauerlich sich das auch ausgewirkt hatte, so wurde es doch der Wendepunkt, die Umkehr zu neuen Ufern ... Rückblickend kann ich nur staunen, wie Türen, durch die man meinte gehen zu müssen, zugeschlagen werden, bis man endlich vor dem Tor steht, das einem von Anfang an bestimmt war. Aber wer findet es gleich? Ja, wer findet es gleich? ... Was lag zwischen 1917 und 1924, dem Jahr, das wohl den Anfang meines eigentlichen Lebens bedeutete?»

Die physische Schwäche blieb, die Rücken- und Muskelschmerzen kamen immer wieder. Ein Knie behielt nach einem ungeschickten Sprung ein sogenanntes Schlottergelenk, drohte immer wieder auszurenken. An einen praktischen Beruf war unter diesen Umständen nicht zu denken. Aber singen wollte sie! Es kam eine junge Gesanglehrerin auf das Gut, jeweils für mehrere Tage, aber auch das war auf die Dauer nicht zu machen. Da fiel der Mutter eine ihr seit langem bekannte Dame ein, die in Bonn lebte, als Witwe ihre vier Kinder mühsam groß gemacht hatte und nun in Gertrude eine Gesellschafterin erhalten sollte: Frau Frost. Daneben waren Gesangsstunden angesagt, Vorlesungen über Literatur an der Universität und ein Lesekreis.

«Es war wohl Herbst 1921, als ich dorthin fuhr, um Frau Frost in ihrem Haushalt zu helfen und in meiner Freizeit meinen eigenen Neigungen nachzugehen.» Dort erst, in der fremden Stadt unter fremden Menschen, in sehr beengten räumlichen Verhältnissen, wurde ihr bewußt,

«wie verwöhnt ich zu Hause gelebt hatte. Ein eigenes, großes, schön eingerichtetes Zimmer, das große Haus, Garten, Felder – ein Paradies, so erschien es mir jetzt. Und nun? ... Die ganze Nacht habe ich geweint, geweint, daß ich morgens kaum aus den Augen sehen konnte ... Im Grunde war ich ein ganz dummes, unreifes Menschenkind, das über den eigenen Horizont noch kaum hinausgeschaut hatte.»

Es ergab sich, daß sie einer Bekannten von Frau Frost, einer fast erblindeten Frau Geheimrat Krüger, ab und zu vorlas. Von anderer Seite hörte sie, daß diese Frau eine Tochter habe:

«Nein, diese jüngste Tochter von der Frau Geheimrat, was die schon alles angefangen hat! Kindergärtnerin-Examen, Sprach-Examen, fotografisches Examen hat sie gemacht, aber nichts hat sie befriedigt. Jetzt aber ist sie auf einer ganz komischen Schule, da atmen und singen sie, und da bleibt sie. In der Schule war sie ein Brummer, keinen Ton sang sie richtig!»

Diese Worte blieben tief haften.

Die Schwester dieser jüngsten Tochter hörte Gertrude einmal singen – sie begleitete sehr schön, war Klavierlehrerin – und sagte dann spontan: «Das wäre doch mal eine Stimme für Fräulein Schlaffhorst.» Und es wurde ihr erzählt, daß diese mit ihrer Freundin Hedwig Andersen die Atemschule leitete, in der jetzt auch ihre Schwester war, früher in Berlin, jetzt in Rotenburg an der Fulda.

Weihnachten kam heran, und die jüngste Tochter Ilse kam zu ihrer Mutter nach Bonn zu Besuch.

«Es gibt Augenblicke in unserem Leben, in denen das Nachdenken über eine Entscheidung vollkommen ausgeschaltet ist. Es weiß in uns, das ist es! So erging es mir, als ich Ilse Krüger begrüßte.

Blitzartig schoß der Gedanke auf: Wenn dieser Mensch nach so vielen anderen Versuchen an jener Schule bleibt und dort das gefunden hat, was sein innerstes Lebensgefühl bejaht und erfüllt, dann müssen es innere Werte sein, die sie halten. Da möchtest du auch hingehen.»

Wir wissen: der Kummer um die eigenen äußeren Gegebenheiten war groß und wegbestimmend. Ilse Krüger war «kugelig» von Gestalt und rothaarig. Da wuchs eine Parallele auf ...

«Hatte jener Augenblick, der wie ein helles Aufleuchten war und ein befreiendes Gefühl brachte, hatte er Bestand? Leider muß ich sagen: nein.

Ich bog noch einmal aus, fast könnte ich sagen, daß ich ausbrach. Es wehrte sich etwas in mir, in dies – wie ich es natürlich wieder übertrieben ausdrückte – in dies Kloster zu gehen. Die jungen Mädchen auf den Nachbargütern verlobten sich eine nach der anderen. Als dann ein Hauptmann um mich anhielt, meinte ich, ja sagen zu müssen. Wie töricht das war, merkte ich erst später und löste das Versprechen.

Über jenen Zeitraum von 1922 bis 1924 weiß ich kaum mehr zu sagen. Es kam, wie es kommen mußte: am 16. Januar 1924 traf ich in Rotenburg an der Fulda ein, und Ilse Krüger holte mich am Bahnhof ab!»

Über die starken Eindrücke der ersten Zeit in Rotenburg steht ausführlich in der «Chronik» geschrieben. Eines ist sicher: Niemals ist ein Zweifel darüber aufgekommen, daß dies der richtige Weg war. Die Zigaretten im Koffer waren vergessen, das Schienengestell gegen das schlotternde Knie flog in die Ecke, nachdem das rhythmische Gehen erlernt worden war. Es gab selige und verzweifelte Momente. Jeder, der Clara Schlaffhorst erlebt hat, weiß oder wußte davon zu berichten, wie sie den Himmel aufschließen und dann wieder hart auf die Erde zurücksetzen konnte.

«Innerhalb von drei Jahren und drei Monaten bin ich 16 Monate zuerst in Rotenburg, dann in Hustedt bei Celle zur Ausbildung gewesen. Dann erhielt ich ein Diplom. Auf einem Bogen Briefpapier stand von Hedwig Andersen in deutscher Schrift geschrieben und von Clara Schlaffhorst mit unterzeichnet:

Fräulein Gertrude Schümann
aus Reichau Ostpreußen

hat seit dem Jahre 1924 oft zur Ausbildung in unserer Schule für Atmung, Sprech- und Gesangskunst geweilt. Durch eifriges Studium und verständnisvolles Eindringen in unsere Grundsätze, sowie dadurch, daß sie ein Jahr lang lehrend in unserer Schule tätig war, hat sie die Berechtigung erworben, als selbständige Lehrerin und Vertreterin unserer Arbeit zu wirken.

Clara Schlaffhorst   Hedwig Andersen

Gründerinnen und Leiterinnen der Schule für Atmungs-, Sprech- und Gesangskunst.

Hustedt/Celle d. 1. 4. 1927»

Wie wir wissen, stammte die Mutter aus Hamburg. Eine Schwester und zwei Brüder wohnten noch dort und waren von Besuchen in Ostpreußen her wohlbekannt. Auch kannte sie dort Menschen, die schon in Rotenburg oder Hustedt gewesen waren, und die Schule gab weitere Adressen. So war es kein zu großes Wagnis, sich in Hamburg niederzulassen.

«Einer sagte es dem andern, und so wuchs eine recht stattliche Zahl heran. Es waren Lehrer, die ihre angestrengten, aber nicht kranken Stimmen kräftigen wollten, Privatmusiklehrer, die einfach gerne sangen, junge Mädchen, die Gesangsstunden haben sollten. Alles waren es private Wünsche der Menschen. Das Wort ‹Krankenkassen› habe ich damals überhaupt noch nicht gekannt. Auch erinnere ich mich nicht, daß ich jemals sprechgestörte oder stimmkranke Patienten gehabt hätte.

Das Honorar für eine Stunde betrug damals drei oder höchstens vier Mark.

In Hamburg bin ich viermal umgezogen. Die erste Wohnung war zu teuer, in der zweiten wurde mir gekündigt, weil das Singen zu störend war. Ich wunderte mich immer, warum über mir dauernd der Staubsauger brummte. Daß es eine Abwehr gegen mein Singen sein könnte, auf die Idee bin ich Schlauberger nicht gekommen. Was habe ich damals auch geschmettert! Die Schüler sagten, sie hörten es schon, wenn sie in meine Straße einbogen, und das war bis zu meiner Wohnung noch eine ganze Strecke.

Schließlich landete ich bei einer sehr lieben Familie, die ein Haus in der Innocentiastraße hatte. Mein Unterrichtsraum war so groß, daß es geradezu nach einem Flügel verlangte. Meine Mutter schenkte ihn mir … Es war ein wundervoller Steinway, 1904 erbaut, und Elly Ney hatte immer auf ihm geübt, wenn sie in Hamburg Konzerte gab … Er ist mit mir nach Weimar, nach Bremen und nach Eldingen mitgewandert. Erst als ich nach Titisee zog, mußte ich mich schweren Herzens von ihm trennen.

Blicke ich heute auf jene Zeit zurück, so kann ich nur staunen, mit welcher Unbefangenheit man den Menschen gegenübertrat. Man war überzeugt, daß man ihnen ganz etwas Besonderes zu bringen hätte. Damals war der Umgang mit Atmung und Stimme ein noch fast unbetretenes Feld. Was meinte ich nicht schon alles darüber zu wissen.

Wie groß die Rätsel sind, die jeder Mensch uns aufgibt, wie unerschöpflich schier der Bereich des Lebendigen, und wie wenig man letztlich davon damals noch wußte, die Demut, dies zu erkennen, hat wohl erst das Alter gebracht …»

Sie unterrichtete nicht nur, sondern fand auch über einen Organisten die ersehnte Möglichkeit, in Kirchen zu singen. Aber es kam der Krieg. Hamburg war die erste deutsche Stadt, die von feindlichen Bombern angegriffen wurde. Sie war als Blockwartin im Hafengelände vorgesehen, was sie wohl kaum überlebt hätte. Und im Kinderhaus von Ilse Krüger in Weimar fehlte dringend eine Lehrkraft … Diese beiden Komponenten waren es – die Gefahr und das Pflichtgefühl, das bei ihr immer ganz obenan stand –, die sie von Hamburg fortgehen und nach Weimar ziehen ließen.

«Daß mein sehnlichstes Ziel, Oratorien-Sängerin zu werden, nicht in Erfüllung ging, daß ich statt dessen eine

Lehrerlücke ... bei Ilse Krüger in Weimar ausfüllte, das hat manch schmerzliche Stunden gebracht.

Als dann aber aus so mancherlei Not der Zyklus der Atem-Schriftzeichen entstand, habe ich das Umbiegen meiner Wünsche in meinem Innern angenommen. Wenn das Schmerzliche sich in solcher Weise umwandelt, bleibt letztlich nur ein Dank für Fügungen, deren Sinn uns anfangs verborgen bleibt.»

Was hier in wenigen Worten angedeutet wurde, war ein jahrelanger Kampf und die tiefe Lebenskrise. Noch Jahrzehnte später traten ihr beim Erzählen über diese Lebensphase die Tränen in die Augen. Es wird später noch davon die Rede sein.

Ilse Krüger stand in regem Austausch mit dem Weimarer Kindergärtnerinnen- und Jugendleiterinnen-Seminar, mit dessen Leiterin, Wilhelmine (Mintje) Bostedt, sie befreundet war. Gertrude Schümann unterrichtete deshalb nicht nur die Kinder des Kinderhauses, sondern auch die Lehrerinnen und Schülerinnen des nahen Seminares, an dem einige Jahre lang Elisabeth Goebel den Musikunterricht erteilte. Sie schaute sich bei rhythmischem Unterricht viele Möglichkeiten ab, Kindern sinnvollen Bewegungsunterricht zu geben, und fand dann Wege, die Schlaffhorstische «Rhythmische Stunde» auf die Bedürfnisse von Kindern hin zu erweitern, was ihr später noch sehr nützlich wurde.

Im Herbst 1945 kamen die Russen nach Thüringen. Eine Weile noch konnte das Kinderhaus weitergeführt werden, aber 1951 siedelte Gertrude Schümann in den Westen über. Durch die Vermittlung von Mintje Bostedt, die jetzt Leiterin des Jugendamtes Bremen war, bekam sie zunächst Anstellungen auf der Insel Wangerooge und anschließend eineinhalb Jahre lang in Bad Münder am Deister. In diesen Kinderkurheimen der Stadt Bremen war sie als eine Art «Kurmittel» eingesetzt.

1952 ließ sie sich in Bremen nieder, wohnte sehr beengt und primitiv in Horn, lebte von DM 60,– im Monat für Essen (!), weil sie sparen mußte, und begann eine Zusammenarbeit mit der Erziehungsberatungsstelle, einem Kindergarten und mit der Zeit immer mehr privaten Schülern, die singen wollten.

Bei der Arbeit mit den Kindern stand die Anwendung der «Zeichen», wie die Atemschriftzeichen damals noch hießen, ganz im Vordergrund. Schon in Bad Münder, wo ein Jahr lang Heidi Noodt als Praktikantin angestellt war, war an immer wieder neuen Kindergruppen ausprobiert worden, was man mit diesen in Weimar gerade neu entstandenen Bildern alles machen könnte. Dabei wurden erstaunliche Möglichkeiten und Auswirkungen deutlich. Diese Arbeit wurde nun in Bremen fortgesetzt.

Heidi Noodt gesellte sich im Herbst 1952 erneut hinzu und übernahm die Kinder der Erziehungsberatungsstelle. Anfang 1953 erkrankte Gertrude Schümann schwer und mußte operiert werden. Sie fiel ein halbes Jahr lang aus, und Heidi Noodt übernahm alles, was in dieser Zeit an neuen Aufgaben erwachsen war. So entstanden für die nächsten Jahre zwei selbständige Praxen. Praktikantinnen kamen dazu, eine von ihnen, Brigitte Langenberg, blieb als Dritte im Bunde.

Dann wurde deutlich, daß die 1950 in Lieme in Lippe nach dem Kriege neu eröffnete Ausbildungsschule an diesem Standort nicht bleiben konnte und daß die beiden

Leiterinnen, Anita Grauding und Irmgard von Harling, zu erschöpft waren, um die Schule weiter zu führen. Gertrude Schümann stellte sich als künftige Schulleiterin zur Verfügung. Heidi Noodt war bereit, mit ihr zu gehen und die organisatorische Seite der Leitung zu übernehmen.

Anfang 1961 also kam der Möbelwagen nach Eldingen bei Celle, und es begann wieder einmal eine neue Phase dieses bewegten Lebens in einem Alter, in dem andere Leute in Pension gehen ... Und was für eine Phase!

In der Vorstellung war wohl die Schule gewesen, wie Clara Schlaffhorst sie geleitet hatte mit der organisatorischen Hilfe von Hedwig Andersen. Wie anders sah die Schulwelt jetzt aus mit viel mehr Schülerinnen und Schülern, mit mehr Kolleginnen, die teilweise ganz andere Vorstellungen vom Werk Schlaffhorst-Andersen und den erstrebenswerten Tonerzeugungen hatten als sie selbst. Und nach drei Jahren verließ Heidi Noodt die Schule aus eigenen zwingenden Gründen, so daß sie allein verantwortlich wurde. Wieder also «viel Freude und viel Kummer».

Der siebzigste Geburtstag wurde bewegend schön gefeiert. Oft hat Gertrude Schümann davon erzählt, wie im «Rhythmischen Raum» von Brigitte Meyer auf den Boden ein riesiger Adventskranz gelegt worden war, um den alle herumsaßen und Geburtstag und ersten Advent in einem feierten!

Mit zweiundsiebzig Jahren erst, 1970, zog sie sich aus der Leitung zurück und siedelte in den Schwarzwald über, um in der Nähe von Heidi Noodt zu sein. Zuerst ein halbes Jahr in Höchenschwand, dann in Titisee baute sie sich erneut ein neues Leben auf und gründete noch einmal eine eigene Praxis, diesmal mit vielen stimm- oder sprachgestörten Erwachsenen und Kindern, aber auch mit Menschen, die sie von früher kannten und jetzt singenden Urlaub im Schwarzwald machen wollten. Wieder kamen Praktikantinnen, die auch von Heidi Noodt unterrichtet wurden.

Aber auch zu anderen Aktivitäten reichten noch Kraft und Zeit: Sie wanderte viel in den Bergen ringsum, kaufte sich Schlittschuhe, um auf dem zugefrorenen Titisee laufen zu können, ging regelmäßig schwimmen und gründete einen Lesekreis. In der Kirche konnte sie auch mehrere Male singen.

Längere Strecken aber unterrichtete sie weiterhin in Eldingen und später in Bad Nenndorf, als die Schule dorthin umgezogen war, wenn Lehrkräfte fehlten. So fuhr sie im Winter, es war wohl 1984, trotz fiebriger Erkältung wieder einmal gen Norden und geriet in ein totales Schnee-Chaos, das Züge ausfallen und sie stundenlang auf kalten Bahnhöfen stehen ließ. Wenige Tage später erlitt sie in Bad Nenndorf einen schweren Schlaganfall mit rechtsseitiger Lähmung. Sie lag lange im Krankenhaus Stadthagen und dann im Henriettenstift in Hannover, und alle, die sie in dieser Zeit besuchten, sind noch heute voll des Staunens über die ungeheure geistige Energie, die sie befähigte, durch unermüdliches Üben wieder – im wahrsten Sinne des Wortes – auf die Beine zu kommen. Der gelähmte Arm z. B. wurde von der anderen Hand geführt, mit einem dikken Stift versehen und so auf einem großen Holzbrett mit Papier bewegt, um langsam wieder schreiben und mit der Zeit sogar wieder Klavierspielen zu lernen!

Frau Dr. Kruse ist es zu verdanken, daß sie noch einmal

selbständig in eigener Wohnung leben konnte, anstatt in ein Alters- oder Pflegeheim zu müssen: Die Schule bot schließlich eine der Lehrerwohnungen an, und eine junge Lehrerin übernahm jeweils die notwendigen Besorgungen außerhalb des Hauses. Daß sie auch wieder innerhalb der Ausbildung unterrichtend tätig wurde, war für sie die größte Selbstverständlichkeit.

Mit der Zeit aber wurde das Leben allein in der Wohnung immer schwieriger. Inzwischen hatte Johanna Taubert, die an der Schule Psychologie lehrte, sich Frau Schümann zugewandt, nahm sie oft zu Ausflügen im Auto mit und bot ihr schließlich an, sie bei sich aufzunehmen, wenn es allein nicht mehr ginge. Dieses sehr freundliche Angebot nahm sie Ende 1992 an und zog nach Hohnhorst-Ohndorf um, wo Johanna Taubert an ihrer Doktorarbeit saß, und wo Marie Oelke ihr in der Versorgung treu zur Seite stand.

1993 folgte eine erneute schwere Operation, die ihr fast das Leben kostete. Danach war das Gehen sehr erschwert und mit der Zeit praktisch gar nicht mehr möglich. Intensive Pflege wurde notwendig, und Johanna Taubert hat sich dieser Aufgabe in bewundernswerter Weise gestellt. Beruflich wurde zuerst ein Umzug nach Ludwigshafen und dann nach Bremen nötig, wo wir am ersten Dezember den so schönen hundertsten Geburtstag feiern konnten.

Ihren eigenen Lebensbericht hatte Frau Schümann 1982 in Titisee so beschlossen: «Was war das Leben bisher?»

Heidi Noodt

Den Kronprinzen habe ich noch persönlich abgesteckt!

Wilhelm Schmidt

Jahrgang 1897

Ich kann Ihnen ja nichts erzählen, was soll ich schon sagen … Wann und wo ich geboren bin? Ich bin nicht geboren. Der Klapperstorch war's, haben Sie noch nie etwas vom Klapperstorch gehört? Es hat sich doch rumgesprochen und der berühmte Teich, wo die Kinder alle sitzen. Ja, der, der die Kinder bringt. So hat der mich aus dem Teich gebracht … Quatsch beiseite, aber mit dieser Geschichte bin ich großgeworden.

Ach, nein. Ja, was ich gern noch einmal wiederholen möchte, etwas aus meinem Leben. Ich träume von einer schönen Frau … eine schöne Frau würd ich mir gern noch einmal zulegen. Irgendwo stehlen, warum nicht? Eine Frau, eine schöne Frau. Die habe ich auch bekommen, eine schöne Frau. Und jung war sie auch, zwölf Jahre jünger als ich. Aber leider ist sie zu früh … sie hat immer gesagt, ich möchte mal in Schönheit sterben. Und da habe ich zu meiner Frau gesagt: «Was heißt denn das, ich will in Schönheit sterben?! Was redest du da? Was heißt denn das, ich will in Schönheit sterben?» – «Ja», sagt sie, «ich will nicht wie eine alte Frau nachher mit einem Krückstock und krummem Rücken rumlaufen.» – «In Schönheit sterben, das heißt», sagte ich zu ihr, «das heißt, daß du in jungen Jahren sterben willst, und das willst du doch nicht?» – «Nein, in jungen Jahren nicht.» Aber sie hat es immer wieder gesagt, und sie ist dann auch in jungen Jahren gestorben ... zu jung noch. Wir waren nur drei oder vier Jahre verheiratet. Aber auf einmal stöhnt sie, sie müsse sterben, sie habe das Gefühl. Und da sagte sie zu mir: «Aber du bist doch älter, du mußt doch zuerst sterben. Du mußt vor mir sterben, ich will, daß du vor mir stirbst.» Und im Sterben hat sie wiederholt: «Du mußt vor mir sterben, du bist älter ... sie wollte nicht vor mir sterben.»

Einen Sohn und eine Tocher haben wir. Ja, die sind auch schon alt. Mein Sohn war verheiratet, aber der hat sich gleich wieder scheiden lassen, nach sechs Wochen. Die Frau war schon dreimal verheiratet und immer nach sechs Wochen hat sie sich wieder scheiden lassen.

Wilhelm Schmidt lacht herzlich und scheint sich im nachhinein darüber zu amüsieren. Mein Sohn war der vierte, danach hat er nicht wieder geheiratet, da hatte er die Nase voll. Er ist Junggeselle geblieben.

Ich selbst habe ein spannendes Leben geführt. O ja. Ich habe all die großen Tiere kennengelernt, die zweibeinigen. Das ging von der oberen Spitze an. Das war der Kaiser ...

Fast. Ich bin nur bis zum Kronprinzen gekommen, den habe ich als Kunden gehabt. Ja, als Kunden. Ich war Maßschneider. Ich habe das Handwerk gelernt, und zwar weil ich ein Handwerk lernen sollte. Mein Onkel, der hatte keine Kinder und war Hoflieferant. Seine Schneiderei war in Berlin, und er hat für die Hohenzollern gearbeitet. Einer aus der Familie sollte nachfolgen.

Ich wollte ja gar nicht … ich wollte Musiker werden. *Wilhelm Schmidt hebt den rechten Arm nach oben und streicht den Bogen.* Ich habe immer Geige gespielt. Auch später habe ich jede Gelegenheit genutzt und in einem Orchester mitgespielt. Das war in meiner Magdeburger Zeit.

Es war kein Tanzorchester, ein richtig normales Orchester. Ich habe natürlich nicht die erste Geige gespielt, ich war ein Mitläufer, sagen wir einmal. Wir waren wohl dreißig Geiger.

Man hat eben alles gemacht, ich bin zufrieden. Ich war jung und habe drei Mark bekommen für den Abend. Einen Abendauftritt im Orchester und drei Mark. Heute lacht man, drei Mark. Früher war das viel Geld. Ich kenne Schneider, Schneidergesellen, die hatten einen Wochenlohn von drei Mark, andere einen Stundenlohn von sechsundzwanzig Pfennig. So waren die Preise früher. Sie können sich da gar nicht reindenken.

Als ich noch jung war, gab es ja noch einen Taler. Ein Taler war ein Dreimarkstück. Die Preise sind ja heute unglaublich, aber früher hat man für drei Mark gespielt den Abend. Na ja, der Kapellmeister und auch noch die zweite Geige hatten hohe Gehälter, aber die anderen, denen wurde wenig bezahlt. Und von drei Mark konnte ich den ganzen Tag gut leben. Frühstücken, Mittagessen, Abendessen und einen Kaffee nachmittags. So billig war das früher.

Meine Geige, die ist mir leider abhanden gekommen. Ich war an der Front, und da hat mein Bruder, der brauchte immer Geld, da hat mein Bruder meine Geige verkauft. Als ich zurückkam, wo ist denn meine Geige, und da sagte meine Mutter: «Dein Bruder hat sie verkauft, der brauchte Geld.» So einfach. Und es war eine schöne Geige, die hatte ich von einem Kapellmeister bekommen …

Ich bin an der holländischen Grenze geboren. Mein Vater war Zollinspektor. Diese Beamten sind ja alle an der Grenze, und so bin ich an der holländischen Grenze geboren in dem kleinen Ort Alstätte im Kreis Ahaus, den Bezirk weiß ich nicht mehr. Wir waren immer an einer Grenze. Von der holländischen ging es an die belgische Grenze, dann kamen wir an die französische Grenze. Denn mein Vater machte immer wieder eine Prüfung, und nach jeder Prüfung wurde er in eine andere Stadt versetzt. Hier Sekretär, dort Inspektor, und wieder an einem anderen Ort Oberinspektor. Deshalb bin ich fast jedes Jahr in einer anderen Stadt zur Schule gegangen. Ich habe dadurch natürlich gleich Sprachen lernen können, Französisch ja. Aber es war kein schönes Leben. Der Vater ehrgeizig, er wollte höher und machte eine Prüfung nach der anderen … Wir wurden immer versetzt, und dadurch kam ich immer in eine andere Schule. Ich mußte auch immer neue Freunde finden. Vor allem war es schwer, die richtige Schule zu finden. Zum Beispiel waren wir einmal in der Kleinstadt Hermeskeil. Da gab es kein Gymnasium, und ich mußte die Volksschule besuchen. Dort war alles katholisch, und die Evangelischen hatten keine entsprechende Schule. Wir konnten nicht in die katholische Schule. Wir waren nur ganz wenige evangelische Kinder. Also ab in die Volksschule. Wir hatten einen jungen Lehrer und nur eine Klasse. Vorn waren die ABC-Schützen, und ich mußte denen das ABC beibringen. Den Aufstrich, Grundstrich, H-Strich und das

Pünktchen auf das i, anstatt daß ich etwas lernte, mußte ich anderen etwas beibringen. Na ja. Einmalig, in jeder Bank eine Klasse! So war das. Nachher hab ich Glück gehabt, da kam ich auf ein Gymnasium, aber nur drei Jahre und schon wieder wurden wir versetzt.

Wilhelm Schmidt bricht mitten im Gespräch ab. Nicht daß ihm die Worte fehlten. Es ist, als ob er überwältigt ist von der Fülle der Bilder.

Bei der Firma Oberländer in Bonn war ich fünf Jahre. Ich war dort Zuschneider. Ich habe den Stoff zugeschnitten und die Anproben gemacht, am Körper. Das Stecken am Körper ist das Wichtigste, damit der Anzug sitzt. Viele große Tiere habe ich abgesteckt, aber es ist unwichtig geworden, und ich habe vieles einfach vergessen.

Ich ging dann nach Berlin, machte mich selbständig. Wechselte nach Stettin. Warum? Man hatte mir dazu geraten. In Berlin war die Konkurrenz zu groß, und in Stettin, das war die Kreisstadt von Pommern und die vielen Gutsbesitzer …

Wenn die einkauften und die Töchter ihre Aussteuer bekamen, alles wurde in Stettin gemacht. Ganz Pommern fuhr nach Stettin, sie alle kamen und kauften. Stettin war also eine gute Stadt, und Pommern war groß. Und viele Anzüge mußten genäht werden.

Das war vor dem Zweiten Weltkrieg. Ich weiß gar nicht mehr genau, wann ich aus Stettin raus bin … ich war ja selbständig in Stettin, und dann kamen ja die Polen. Da mußten wir alle raus. In Stettin habe ich gebaut. Ein Haus. Einen schönen Wagen fuhr ich dort. Aber wir mußten weg, die Polen haben alles übernommen. Ja, ein schöner Betrieb … Verloren habe ich sicher vieles, aber genau weiß ich es nicht mehr. Man vergißt, die Zeit hilft. Nach Hamburg bin ich dann, habe ich wieder von neuem anfangen müssen. Ging ich erst als Zuschneider in ein tonangebendes Haus, dann nach circa zwei Jahren habe ich mich wieder selbständig gemacht. Ich war zufrieden, ich hatte eine sehr gute, feine Kundschaft. In Eppendorf, ein guter, vornehmer Stadtteil mit großen alten Stadthäusern, die im Krieg verschont worden waren, hatte ich mein Geschäft. Ich ging auch nach Hamburg, weil viele Stettiner 1945 nach dem Krieg hier eine neue Heimat fanden, und da habe ich viele meiner Kunden behalten können. Meine Schneider waren auch mitgekommen; sechs an der Zahl, und ich konnte sie später wieder einstellen.

Nach dem Krieg gab es offiziell keinen Stoff, kein Material, keine Knöpfe, aber ich hatte die Kunden, die Stoffe selbst mitbrachten. Die fuhren zum Teil nach England und kauften sich dort die Stoffe. Aus alten Militärstoffen oder alter Kleidung habe ich nichts gemacht, geändert, nein. Ich hab nur neue Stoffe verarbeitet, mit zwei oder drei Anzugstoffen kamen die Kunden von der Reise wieder. Erst war ich zusammen mit einem Kaufmann, es hat Spaß gemacht, wir haben gut verdient. Später hatte ich mein Geschäft wieder allein. Ich habe bis zu meinem fünfundsiebzigsten Lebensjahr gearbeitet und hatte immer gut zu tun gehabt.

Ich will etwas verraten, es lag am Schnitt. Der deutsche Schnitt, gut, den hatte ich gelernt, konnte ihn perfekt. Aber er ist nicht gut. Die Tschechen haben einen sehr, sehr guten Schnitt, und den habe ich von einem tschechischen Zuschneider gelernt. Und danach habe ich dann auch zugeschnitten. Der Unterschied ist frappierend. Es ist vielleicht zu speziell, aber … Wenn Sie den deutschen Schnitt nehmen, da müssen Sie sehr viel stecken. Wenn Sie den tschechischen nehmen, dann fällt das Abstecken fast fort, weil er gleich von vornherein wie angegossen am Körper sitzt. Das ist einfach ein anderer Schnitt.

Ich habe extra die Zuschneide-Akademie in Berlin besucht, aber erst ein tschechischer Schneider, der sehr gut gewesen ist, hat mich in die wahre Kunst des Zuschneidens eingeführt … der bekam als Zuschneider keine Stellung. Der Schnitt war wunderbar, sitzt auf Anhieb.

Ich war immer erster Zuschneider. In Berlin, Stettin, Düsseldorf, immer habe ich als erster Zuschneider gearbeitet, dadurch habe ich auch viel Geld verdient. Als erster Zuschneider schneidet man keine Stoffe kaputt, sie machen bloß die Schnitte aus Papier. Und die anderen Zuschneider schnitten dann nach meinen Mustern. Ich aber machte allein die Muster. Auch für Damenkleidung, Kleider, Mäntel und dergleichen.

Schon in Bonn, da war ich der Jüngste. Es gab drei, aber ohne zu übertreiben, ich war der Beste. Die Chefs hatten angeordnet, daß nur ich die Anproben und die Zuschnitte machen sollte. Manchmal kam ein Kunde, der im Clubsessel warten mußte, weil die Kabine besetzt war, und da kam schon häufiger die Frage an den Geschäftsführer: «Warum habe ich diesen jungen Dachs, warum bekomme ich nicht einen der erfahrenen Kollegen?» Ich höre noch den Geschäftsführer, der sagte, unsere beiden Chefs würden sich von denen keinen Anzug machen lassen, die macht der Schmidt, der junge Dachs! Wenn ich auch ein kleines Kerlchen bin, und noch sehr jung war, aber ich war schon dort der erste Zuschneider.

Ich habe mich im nachhinein geärgert, ich hätte mich früher, fünf Jahre früher selbständig machen sollen. Ich konnte gar nicht so viele Schneider bekommen, so gut lief das Geschäft. Die gingen dort fort, wo ich früher war, und kamen alle zu mir. Ich kam gar nicht mehr zum Zuschneiden, so viel hatte ich zu tun. Einen ersten Zuschneider mußte ich selbst einstellen.

Meine Stoffe bekam ich überwiegend von Lang & Meins, einer deutschen Firma. «Tuch en gros». Da habe ich viel gekauft, ich habe auch direkt aus London Stoff bezogen. Nein, hingefahren bin ich nicht, es kam ein deutscher Vertretet der englischen Firma. Der kam mit der Kollektion, mit einem Koffer, mit großen Musterproben zu mir. Ich suchte aus und irgendwann mußte ich dann zum Zollamt. Dort wurde alles ausgepackt, kontrolliert. Und wo Seide enthalten war, mußte man eine Acht-Prozent-Luxussteuer zahlen. Ich habe meistens Stoffe mit einem sogenannten Effektfaden – ein durch Verzwirren verschiedenfarbiger Fäden hergestelltes Garn – genommen, so konnte ich die enorm hohe Steuer sparen.

Nun ja, ich legte auch immer selbst auf Kleidung Wert. Das ist selbstverständlich.

Meine Frau habe ich kennengelernt, als ich noch angestellt war. Sie saß an der Kasse, weil wir uns ja jeden Tag sahen und dadurch …

Wenn ich manchmal auf dem Tanzboden war – da war ich unverheiratet, in Magdeburg ging ich tanzen – und tanzte so am Rand entlang, am Rand saßen immer die alten Damen, die guckten zu. Sie kamen, glaube ich, nur, um sich die Tänzer anzugucken. Dann hörte ich sie oft: «Sie haben aber eine schöne Haltung.»

Das habe ich oft gehört. Die Tanzschule habe ich natürlich auch besucht. Aber sehr sportlich war ich nicht. Einen doppelten Salto, den allerdings konnte ich, und ich war immer ein schneller Schwimmer.

Später waren Autos meine Leidenschaft, schöne Wagen habe ich gefahren. Als ich noch Junggeselle war, habe ich Motorräder gehabt, eine Harley Davidson. Kennen Sie die? Eine schwere Maschine, die habe ich gefahren. Ich trug eine braune Lederjacke und habe Rennen mitgemacht. Das Kolberger Bäderrennen. Ja, ich habe Preise geholt, keinen ersten, aber den zweiten und dritten, mit meiner Maschine. Harley Davidson. Wer die fuhr, da sagte man, der muß Geld haben. Und das hatte ich. Ich habe immer sehr viel verdient und eine gute, eine sehr gute Kundschaft hatte ich.

Ich habe viel Glück gehabt in meinem Leben. Zweimal drei Jahre an der Front. Im Ersten Weltkrieg als Unteroffizier, im Zweiten Weltkrieg als Feldwebel. Aber den Krieg habe ich gut überstanden, ich habe keine Kugel gekriegt. Viele meiner Kameraden, die ich sehr gut kannte, sie sind alle gefallen. Ich hatte Glück, großes Glück. Ich habe immer nach Hause geschrieben: «Ihr braucht keine Angst zu haben, mich trifft keine Kugel.» Und so war es. Ich habe keine Kugel abbekommen. Im Ersten Weltkrieg war ich in Frankreich, in Verdun, ja. Da habe ich gekämpft. Im Zweiten habe ich auch im Westen gekämpft, bei der Artillerie. Wo der Krieg mit Rußland aus war, kamen die Leute zu uns nach dem Westen und sagten: «Lieber kämpfe ich zehn Jahre gegen Rußland, aber keine vier Wochen hier im Westen.» Da haben die erst gemerkt, was Krieg war. Der Krieg im Westen war viel härter. Och, da fielen viele Menschen … wie die Kugeln rumflogen.

Ich hatte wirklich Glück, ich bin nicht in Gefangenschaft gekommen, meine Kameraden, ja. Ich habe mich gedrückt. Ich war ja im Ersten Krieg Meldereiter und konnte mit meinem Pferd … Galopp … und ab. Und 1945 habe ich es auch vorher gewußt, was passiert und …

Gehen Sie mir fort mit der Politik. Ich habe ja ganz unterschiedliche Dinge erlebt, den Kaiser, die Weimarer Republik, dann Hitler und dann die Demokratie mit Adenauer. Was soll ich davon halten? Ich habe mir eigentlich aus der Politik überhaupt nichts gemacht. Ich sage: «Es sind alles Betrüger, einer betrügt den anderen.» Ich wollte nichts zu tun haben mit der Politik. Es hat mich nicht interessiert. Manchmal bei einer Wahl habe ich gar nicht gewählt. Ich sagte: «Laß die doch machen, was sie wollen.» Nachher habe ich den Falschen gewählt; ich will keine Verantwortung übernehmen.

Ich bin am 9. November geboren, das ist für Deutschland ein besonderer Tag, wo vieles passiert ist. Ich habe alles darüber gewußt … aber heute …

Am 9. November 1918 dankt Kaiser Wilhelm II. ab, der SPD-Abgeordnete Philipp Scheidemann proklamiert die Deutsche Republik. Der Sozialdemokrat Friedrich Ebert wird Reichskanzler. Fünf Jahre später, am 9. November 1923, der Hitlerputsch in München. 1938, am 9. November, werden in der Reichspogromnacht (‹Kristallnacht›) in ganz Deutschland jüdische Geschäftshäuser und Synagogen zerstört, Juden getötet, zusammengetrieben und in Konzentrationslager gebracht. An einem weiteren 9. November, im Jahre 1989, fällt die Mauer zwischen Ost und

West. Nach vierzig Jahren gibt es wieder eine gesamtdeutsche Republik.

Ich bin immer ein fröhlicher Mensch gewesen. Nein, ich habe nie auf Dinge verzichtet, um alt zu werden. Ich hatte einfach Glück. Ich habe unsolide gelebt. Ich habe sehr viel geraucht, ich rauchte immer nur Zigarren, nie eine Zigarette.

Natürlich habe ich auch gern getrunken. Ich war richtig besoffen, in meiner jungen Zeit, ja. Da kam es vor, daß ich die ganze Nacht durchgefeiert habe. Aber selbstverständlich stand ich morgens um acht Uhr im Geschäft. Dann sagte der Chef zur Sekretärin: «Kochen Sie mal für Herrn Schmidt einen starken Mocca, der ist noch nicht ganz nüchtern.»

Und mit dem Auto war ich viel unterwegs. Ich konnte mir schon sehr früh ein Auto leisten. Wir waren in Italien, viermal. Dort gefiel es mir am besten, in Spanien war ich auch, aber Italien gefiel mir einfach am besten. Das Wasser, das milde Klima ...

Ja, ich habe ein schönes Leben gehabt. Geld habe ich immer gehabt wie Heu, das sagt man doch. Heu habe ich auch nicht ...! Und gesungen habe ich früher! Ich hatte eine gute Stimme, sie ist ja immer noch recht kräftig. In der Kirche habe ich auch allein gesungen, erst der Chor, dann ich und dann wieder zusammen mit dem Chor.

Aber jetzt verlasse ich Sie.

Alte Männer haben eine schwache Blase, Entschuldigung.

Gudrun Reher

Darf ich Sie bitten, meine Frau zu werden?

Elisabeth Siebert

Jahrgang 1898

Elisabeth Siebert ist als viertes Kind nach den Geschwistern Fritz, Käthe und Rudi der Eheleute Bertha und Fritz von Känel am 8. 12. 1898 in Zernikow bei Glöwen in Brandenburg geboren. Die Jüngste, Margarete, kam 1900 zur Welt. Um 1902 kaufte die Familie in der französischen Schweiz bei Renan in der Gemeinde Ferrier einen Hof. 1910 zog die Familie von Känel ins Saargebiet auf einen neuen Hof in Wintringen, weil die Mutter Bertha in der französischen Schweiz nicht heimisch werden konnte.

Elisabeth Siebert sind die Auswirkungen des Ersten Weltkriegs auf das Saar- und das linksrheinische Gebiet auch nach achtzig Jahren in Erinnerung, damals für die Familie wieder ein Aufbruch. Aber erst einmal ist die Gegenwart wichtig. Elisabeth Siebert lebt heute in Henstedt-Ulzburg im Süden von Schleswig-Holstein.

Der bequeme Sessel in meinem Zimmer ist mir so wichtig geworden, seit ich nicht mehr so recht sicher auf den Beinen stehe. Er nimmt mich fast schützend auf. Mit dem 100. Geburtstag bin ich wohl noch ein wenig kleiner geworden, obwohl ich groß mit Bürgermeister und allen Ehren gefeiert worden bin. Ich kann wunderbar in diesem

Sessel schlafen, wenn ich aufwache, gucke ich in den Garten. Jetzt lebe ich in diesem Alten- und Pflegeheim. Hellblau sind die Wände meines Zimmers, ich mag diese Pastelltöne. Bis vor kurzem habe ich noch bei meinem Sohn Hans im Haus gewohnt und täglich viele Stunden im Garten geschafft. Zum Erstaunen der Nachbarn. Die Hände in den Schoß legen, das war mir immer fremd. Jetzt wollen meine Hände nicht mehr so. Selbst das Zuknöpfen der Strickjacke ist mir eine Qual geworden. Aber ich war immer patent und wußte mir zu helfen.

Jetzt liegt eine kleine Kombizange griffbereit auf dem Tisch, und mit ihr kann ich die Knöpfe greifen, und ruck, zuck sind sie durch das Knopfloch gesteckt. Auch den Zipp vom Reißverschluß bekomme ich so angepackt und hochgezogen. Selbst der dumme Verschluß auf der Wasserflasche läßt sich so öffnen, und wenn auch das nicht klappt, habe ich mit der Zange schon ein Loch in den Metalldeckel gedrückt. Warum soll ich gleich nach dem Zivildienstleistenden oder der Pflegerin rufen, die haben doch genug zu tun. Außerdem, jeder versucht so lange allein zurechtzukommen, wie es irgend geht. Auch eine Frau muß sich selbst zu helfen wisssen, nun, auch wenn die eigenen Hände versagen. Sie haben mir bisher immer gehorcht; geschickt und flink sind mir alle Tätigkeiten in meinem arbeitsreichen Leben von der Hand gegangen.

Meine Kleider habe ich mir immer selbst genäht. In besonderer Erinnerung sind mir blaue Kostüme, nicht dunkelblau, sie hatten so ein schönes Mittelblau. Für meine Mutter Bertha, meine Schwester Margarete und für mich selbst habe ich sie geschneidert. Das war 1920, als ich mit den Eltern und Geschwistern aus dem Rheinland nach

Schleswig-Holstein umsiedelte. Das Rheinland war nach dem Krieg besetzt, und wir waren sehr verängstigt. Wir hatten große Angst vor den Besetzern, es waren Neger dabei. Und die Angst der Eltern um uns Töchter war wohl noch größer.

Unruhige Zeiten herrschten damals. Nach dem verlorenen Krieg wußten wir nicht, was aus uns links vom Rhein wird. Kommt das Gebiet zu Frankreich, oder wird es ein eigener Freistaat? Es gab Unruhen, einen Aufstand, der blutig von der Reichswehr niedergeschlagen wurde. Und dann zogen französische Kolonialtruppen ein, wohl aus dem Senegal.

In Schleswig-Holstein hofften wir eine neue Heimat zu finden, eine neue Existenz und Ruhe vor den politischen Auseinandersetzungen. Wir wagten alle zusammen auf einem großen Hof bei Hohenweststedt den Neuanfang. Der Vater, Fritz von Känel, versprach sich viel vom guten Vieh und vom ertragreichen Boden hier im Norden. Er war Schweizer Bürger, 1864 geboren in Reichenbach bei Frutigen, und hatte die Mutter in Sachsen bei seiner Arbeit in der Landwirtschaft kennengelernt. Auf einer Domäne, so hießen die großen Güter, in Korbitz bei Meißen, waren die Eltern in Stellung gewesen. Der Vater stammte ja selbst von einem Hof, mußte sich aber in der Fremde Arbeit suchen, für die Nachfolge war er zu jung. Mit achtzehn Jahren verließ er mit seinem Bruder Peter die Heimat, der elterliche Hof konnte so viele Münder nicht stopfen.

Die Erzählungen der Eltern sind mir noch in Erinnerung, aber ich habe sie auch schon längst an die nächste Generation, an meine beiden Söhne weitergegeben. Und wenn ich es nicht mehr so genau zusammenbekomme, ergänzen sie die Geschichte. Zu meinem hundertsten Geburtstag haben sie auch einiges aufgeschrieben, und ich konnte später etwas über mich in der Zeitung lesen.

Wir hatten es schwer im schleswig-holsteinischen Land. Stellen Sie sich vor, ich sehe diese Bilder noch wie heute vor meinem Auge: Der Vater mit großem Rauschebart und im echten Schwyzerdütsch, die Mutter mit großer Angst vor dem Neuanfang und sächselt. Beide waren schon fast an die sechzig Jahre. Und ich wurde gerade einundzwanzig Jahre alt. Ich wurde nur Lilly genannt, Elisabeth rief man mich nie. Ich hatte mich selbst so genannt, als ich zu sprechen begann.

Der Hof war groß, sehr groß und ließ sich nicht wie gedacht bewirtschaften. Zuviel Wald war dabei, und auf den Ackerflächen lagen noch große Wurzelstubben. Wir mußten trotz tatkräftiger Hilfe aller, auch meiner Brüder, zurückstecken. Aufgeben oder zurück? Diese Entscheidung gab es nicht. Auf einem kleineren Hof in Bargen bei Lunden, das liegt in Norderdithmarschen, versuchten wir es erneut. Für die Eltern war das, glaube ich, dann der sechste oder gar siebte Neuanfang. An die vielen Tränen der Mutter erinnere ich mich besonders, aber auch an den starken Glauben der Eltern.

Die Eltern gehörten der Neuapostolischen Kirche an, die sich Mitte des 19. Jahrhunderts von der Katholisch-Apostolischen Gemeinde gelöst hatte. Wir Kinder wurden auch in diesem Glauben erzogen und haben ihn angenommen, auch ich bin versiegelt worden, wie wir sagen. Die Glaubensgemeinschaft war mir immer wichtig und ist es bis heute. Zweimal wöchentlich holt mein Sohn

Hans mich zum Gottesdienst ab. Ich sitze vorn in der ersten Reihe. Ich möchte nicht abgelenkt sein durch den Blick auf andere Personen. Das war mir immer wichtig, unmittelbar den Blick und Kontakt haben. Außerdem höre ich heute sehr schlecht, und so bin ich den Worten des Predigers nahe.

Das für mich wichtigste und schönste Ereignis in meinem Leben war, daß ich, das Mädchen vom Lande, einen Mann aus der Stadt bekommen habe, einen Stadtmenschen! Wenn ich daran denke! Ich war über einen Glaubensbruder als Verkäuferin und Köchin in eine Bäckerei nach Altona vermittelt worden. Hier lernte ich Wilhelm Siebert 1923 bei Jugendabenden unserer Glaubensgemeinschaft kennen, und 1925 hat er mich gefragt: «Darf ich Sie bitten, meine Frau zu werden?» Ich wollte zu gern. Wilhelm war Bahnbeamter und leitete ein Stellwerk. Nach den beiden ersten Söhnen bekam ich im Krieg, 1942, noch den Sohn Rainer. Er wurde nur drei Jahre alt. Er starb an einer fiebrigen Lebensmittelinfektion.

Wir haben immer sehr in unserem Glauben gelebt. Die weltlichen Dinge, die Politik, waren für uns nicht wichtig.

Gudrun Reher

So alt wie das Hamburger Rathaus

Frieda Anlauf

Jahrgang 1897

Frieda Anlauf ist 102 Jahre alt und kannte sogar noch «Oskar vom Pferdemarkt», der Anfang des Jahrhunderts in Hamburg Stadtgeschichte schrieb. Redensarten wie «Frech wie Oskar» oder «Wucht in Tüten» kennt jeder, aber daß sie auf Oskar, den «König der Straßenhändler», zurückgehen, wissen nur noch wenige, unter anderem Frieda Anlauf. Sie erinnert sich auch noch daran, daß die «Wucht in Tüten» manchmal aus zweihundert Schuhen bestand, die Oskar ins Kinderheim brachte und dort verteilte. Oskar hatte seinen Verkaufsstand am Pferdemarkt, hier wurde Frieda Anlauf auch am 20. April 1897 geboren. Ein Datum, das dreißig Jahre später nicht mehr ohne Kommentar zur Kenntnis genommen wurde, denn es war auch der Geburtstag von Adolf Hitler.

Am Pferdemarkt besaß Frieda Anlaufs Vater einen gutgehenden Friseursalon mit einigen Angestellten, später übernahm ihr Bruder das Geschäft – Haareschneiden war damals noch Männersache.

Auf dem Heiligengeistfeld nicht weit vom Pferdemarkt ist der «Dom», der allerdings keine Kirche, sondern ein bunter Jahrmarkt ist, der in Hamburg «Dom» genannt wird, weil das marktähnliche Treiben unter den Arkaden eines Anfang des 19. Jahrhunderts abgerissenen Doms begann. Bis heute hat sich der Name gehalten, die Erinnerung an die kleine Zerstreuung im kindlichen Alltag von Frieda Anlauf ebenso. Sie ritt am liebsten auf einem Schimmel, wenn sie Karussell fuhr.

«Als Kind bettelte ich immer, wenn Dom war, dorthin gehen zu dürfen, aber erst als ich sieben Jahre alt war, nahm die Mutter mich einmal mit. Das war schön.»

Frieda Anlauf lächelt versonnen.

Ins Thalia-Theater, das auch nur einen Steinwurf entfernt war, ging Frieda Anlauf zum ersten Mal, als sie siebzehn wurde. 1912 hatte es gerade ein neues Haus bekommen und galt seitdem als «ganz modernes Theater», auch was den Spielplan betraf, der einige Jahre zuvor noch nicht möglich gewesen wäre, als konservative Kräfte in die Programminhalte eingegriffen hatten. So hatte beispielsweise Henrik Ibsens Drama «Nora oder Ein Puppenheim» nur mit einem Happy-End gespielt werden dürfen: Die Titelheldin mußte bei Mann und Kind bleiben.

Als Frieda Anlauf mit achtzehn heiratete, war sie für heutige Verhältnisse noch sehr jung, aber zu Beginn des Jahrhunderts war ein solches Heiratsalter durchaus üblich. Mit einundzwanzig Jahren bekam sie ihr erstes Kind, mit sechsundzwanzig ihr zweites. Ihren Mann hatte sie 1915 im ersten Kriegswinter in der Tanzstunde näher kennengelernt. Sie hatte «schon im Sandkasten» mit ihm gespielt und in der Adolph-Straße die Schulbank gedrückt – er war ein Junge aus der Nachbarschaft. Er arbeitete als Pfleger im Altonaer Krankenhaus, das 1855–61 in der Allee erbaut worden war, so weit vom Hamburger Stadtkern entfernt, daß die Bürger befürchteten, sie würden im Ernstfall sterben, bevor sie es erreichten, erinnert sich Frieda Anlauf.

Nach der Hochzeit zog Frieda Anlauf mit ihrem Mann nach Bahrenfeld in die Luruper Chaussee. Die Wohnung war mehr als bescheiden, aber ein Neubau, in der Nähe der Rennbahn, nicht weit vom Volkspark entfernt. Sie bewohnten dort eineinhalb Zimmer mit einer geräumigen Wohnküche, ein Bad kam erst später hinzu. Kein Luxus, denn bald waren sie zu viert, aber das Gehalt ihres Mannes war nicht üppig und die Zeiten nach dem Ersten Weltkrieg schlecht. Eine größere Wohnung hätten sie nicht bezahlen können, es war schwer genug, «die Familie über Wasser zu halten». Als die Kinder aus dem Haus waren, suchte sich Frieda Anlauf eine Arbeit. Der Zweite Weltkrieg war gerade ausgebrochen, und ihr Mann mußte an die Front. Sie fand eine Putzstelle im Alsterpavillon, wo sie «immer spät nachts» saubermachte, wenn die «Swing-Jugend», die sich damals dort austobte, wieder verschwunden war. Seit den dreißiger Jahren gab es diese informellen Zusammenschlüsse von Jugendlichen aller Bevölkerungsschichten, die ihre Ablehnung der nationalsozialistischen Regierung gegenüber durch ihre Begeisterung für den vom Regime verpönten Jazz ausdrückten. Der Hamburger Alsterpavillon war für sie ein beliebter Treffpunkt. Den Nationalsozialisten waren die Jugendlichen schon bald ein Dorn im Auge. Immer wieder ging die Gestapo gegen Tanzfeste der Swing-Jugend vor, von denen einige auch Kontakt zu der Widerstandsgruppe «Weiße Rose» hatten. Im Februar 1942 löste die Geheime

Staatspolizei beispielsweise ein Konzert des Orchesters John Kristel im Alsterpavillon auf. Ab Juni 1942 durfte das Lokal nur noch bis 17 Uhr geöffnet haben, damit dort keine «die Jugend zersetzenden» Veranstaltungen mehr stattfinden konnten. In den folgenden Jahren wurden viele Mitglieder der Swing-Jugend verhaftet und in Gefängnissen oder Konzentrationslagern interniert. Aber von all dem ahnte Frieda Anlauf wenig, weil sie andere Sorgen hatte: Angst vor den nächtlichen Bombenangriffen und Angst um ihre «Männer», ein Sohn und ihr Mann waren an der Front. Wenn wieder einmal die Sirenen heulten, während sie mit Reinigungarbeiten im Alsterpavillon beschäftigt war, hastete sie mit den anderen Frauen auf die gegenüberliegende Straßenseite in den Hamburger Hof, ein nobles Hotel, wo sie im Keller die immer heftiger werdenden Bombenangriffe ertragen mußten. Immer, wenn alles vorbei war, «haben wir erst mal einen Kaffee getrunken». In der Zwischenzeit war ihr Mann von der Front wieder nach Hause geschickt worden, weil man in Hamburg dringend Krankenpfleger brauchte. Nach dem «Feuersturm» im Jahr 1943, den verheerenden britisch-amerikanischen Bombenangriffen, lagen unzählige Verletzte in den Krankenhäusern. Ihr ältester Sohn galt zu dieser Zeit bereits als verschollen, später wird sie erfahren, daß er in Rußland gefallen ist. Er wird nur 23 Jahre alt.

Die Nachkriegsjahre waren nicht weniger hart. Die fast Fünfzigjährige betreute entlassene Kriegsgefangene, die meisten kamen aus Rußland. Viele hatten ihre Arme oder Beine verloren oder schlimmste Verbrennungen erlitten, alle waren durch ihre Erlebnisse im Krieg traumatisiert. Frieda Anlauf half ihnen, wieder Mut zu fassen.

Die Familie kann sich immer noch nicht viel leisten, «mal einen Urlaub in Bad Harzburg und Weihnachten eine Gans oder Silvester einen Karpfen. Der schwamm noch eine Zeitlang im Waschbecken, damit er schön frisch blieb», bevor Frieda Anlauf ihn fachgerecht schlachtete. «Das hat mir überhaupt nichts ausgemacht, das war doch gar nichts.»

Am liebsten aber wurde gebacken: «Sandtorte, der Teig muß sehr lange geschlagen werden, da kommen sechs Eier rein, mindestens 1/4 Butter, geriebene Zitrone und Maizena, mit Mehl bekommt man eine Sandtorte nicht so schön hin.»

1951 starb ihr Mann mit 61 Jahren. «44 Jahre hat er in seinem Beruf als Pfleger gearbeitet, sich aufgeopfert, rund um die Uhr. Der Beruf hat ihn kaputtgemacht, das war ja so eine harte Arbeit.»

Frieda Anlauf ist noch heute anzumerken, wie belastend der Beruf ihres Mannes auch für sie gewesen ist und wie sehr er auch das Familienleben beeinflußt hat.

Ihr jüngster Sohn hatte inzwischen eine eigene Familie gegründet. Er war Kunstschlosser und schmiedete Eisengitter und «sehr schöne Türen» für eine Firma in Iserbrook. 1997 starb er mit 79 Jahren. Frieda Anlauf hat vier Enkelkinder, die sie allerdings wenig sieht.

Seit vielen Jahren lebt sie schon in Tabea, einem Altenheim im Hamburger Westen, wo sie sich sehr wohl fühlt. Jeden Mittwoch bekommt sie dort Besuch von der Tochter ihrer ehemaligen Zimmernachbarin, die vor kurzem gestorben ist. Die junge Frau fährt mit ihr spazieren, denn Frieda Anlauf sitzt seit einiger Zeit im Rollstuhl, da sie sich zu schwach zum Laufen fühlt, aber sie ist mit ihren 102 Jahren noch sehr unternehmungslustig.

Als sie 1997 hundert Jahre alt wurde, erhielt sie eine Einladung ins Hamburger Rathaus, das auch gerade hundertsten Geburtstag feierte: «Das fand ich sehr schön, da waren wir von elf Uhr morgens bis zum Nachmittag, es gab Kaffee und Kuchen.»

Pastor Bayer aus Tabea hat sie begleitet: «Der ist bestimmt nur deshalb mitgekommen, weil er auch mal einem Bürgermeister die Hand schütteln wollte, ich mußte dafür hundert Jahre alt werden.»

Sybille Wahnschaffe

Eine Dusche im Freien

Maria Galantowicz

Jahrgang 1899

Maria Galantowicz, geborene Faustmann, ist die Tochter eines Gutsbesitzers, sie wurde am 4. Juli 1899 in Zechow, in der Nähe von Landsberg, damals Westpreußen, geboren. Noch heute erinnert sie sich «an die Kornfelder und Wälder, die meinem Vater gehörten, an seine Ritte früh am Morgen, bevor die Förster und Schnitter kamen». In Landsberg ging Maria Faustmann in die «höhere Schule». Sie fuhr mit ihren Geschwistern mit einer «kleinen Bimmelbahn», die in zwei Kilometern Entfernung am Gut vorbeiführte. Der Hund von Maria, ein schöner, großer Bernhardiner, kam immer ein Stück mit:

«Er begleitete uns und holte mich pünktlich um 15 Uhr an der kleinen Bahnstation wieder ab. Niemand hat ihm die Uhrzeit gesagt, zu der er mich abholen sollte. Aber er war immer da, wie er das gemacht hat, weiß ich bis heute nicht.»

Schon aus der Ferne konnte Maria die Marienkathedrale und die imposanten Bögen des Eisenbahnviadukts erkennen.

Heute gehört Landsberg zu Polen und heißt Gorzow Wielkopolski, es hat eine beachtliche Industrie, die chemischen Werke Stilon und die Seidenfabrik Silwana sowie eine große Metallgießerei. Landsberg hat im Laufe der Jahrhunderte eine wechselvolle Geschichte erlebt, die auch in seinen wechselnden Namen zum Ausdruck kommt. Der Zusatz Wielkopolska bedeutet Großpolen, ein heute nur noch historischer Begriff. Er wird Ortsnamen hinzugefügt, die zum historischen Kerngebiet Polens gehören. In der Gegend um Gorzow liegen jene Siedlungen, die den Polen als ihre ältesten Hauptstädte gelten: Poznan und Gniezo. Politisch betrachtet haben sich auf dem Gebiet deutsche und polnische Einflüsse stets abgelöst und überlagert. 1850 wurde das Großherzogtum Posen offiziell preußische Provinz, und somit wurde auch die kleine Stadt Landsberg preußisch. Nach dem Ersten Weltkrieg erhielt Polen durch den Versailler Vertrag die preußische Provinz zurück. 1,1 Millionen Deutsche, rund zwei Drittel der Bevölkerung Posens, wanderten deshalb Anfang der zwanziger Jahre wieder ab.

Wie viele Gutsbesitzer waren die Faustmanns eng mit der Landschaft verwurzelt:

«Ich mochte die Kornblumen so gerne, und das Lustige war, daß meines Vaters Lieblingsblumen ebenfalls die Kornblumen waren, obwohl Korn- und Mohnblumen damals seine Ernte beeinträchtigten.»

Die Mutter leitete den großen Haushalt des Gutes mit der Küche und der Wasch- und Bügelstube. Sie organisierte das Kochen für die Saisonarbeiter, denn die Schnitter aus dem Osten mußten ebenso versorgt werden wie die vielen Gäste und Freunde der Familie. Die drei Kinder wurden schon früh zur Mitarbeit erzogen. Am liebsten half Maria im großen Garten. Auf dem Sonnenblumenweg, der dorthin führte, gab es eines Tages etwas Neues zu bewundern: «Eine Dusche im Freien. Zuerst benutzte meine Mutter sie, dann durften wir Kinder … Es war eine Freude.»

Aus wirtschaftlichen Gründen mußte das Gut im Ersten Weltkrieg aufgegeben werden. Maria Faustmann wurde mit siebzehn Lazarettschwester und lernte bei der Arbeit ihren späteren Mann, den jungen Zahnarzt Axel Galantowicz, kennen. Gleich nach dem Krieg wurde geheiratet, und mitten in der schwersten Inflationszeit haben die beiden einen kühnen Schritt gewagt, indem sie eine Zahnarztpraxis eröffneten. Kinder ließen auch nicht lange auf sich warten:

«Ich bekam zuerst Maria, meine Älteste, dann die Zwillinge, die leider in der kargen Zeit der zwanziger Jahre starben, und Barbara, mein Nesthäkchen. Es gab täglich harte Arbeit zu leisten, aber es ging langsam aufwärts, und wir konnten wieder schöne Ausflüge machen. Meine Kinder stöhnten manchmal über die langen Spaziergänge in den Wäldern von Brandenburg, wohin wir inzwischen gezogen waren, und in unseren Ferienorten, dem Riesengebirge im Winter und Rügen im Sommer.»

Maria Galantowicz war eine der ersten Frauen, die 1929 ihren Führerschein machten, «worauf ich besonders stolz war». Einmal in der Woche fuhr sie ihren Mann mit dem Wagen nach Frankfurt an der Oder und nach Berlin, denn «mein Mann mußte dort Praxis halten». Mit der Höchstgeschwindigkeit von sechzig Kilometern pro Stunde brauste sie in die Dörfer hinein, mit dreißig wegen des Kopfsteinpflasters hindurch, mit sechzig wieder hinaus: «Es hat unglaublichen Spaß gemacht, selbst wenn mal ein Reifen geplatzt ist … auf diese Weise habe ich sogar gelernt, Reifen zu wechseln, meine Töchter nicht!»

Die zwanziger Jahre zeichneten sich durch die Hoffnung auf ein normales, ein besseres Leben aus, und diese Hoffnung dauerte bis in die dreißiger Jahre an:

«Dann kam eine dunkle Wolke auf uns zu, die wir zunächst nicht verstanden, ich eher als mein Mann und die Kinder. Es ist schwer für mich, die Jahre 1933 bis 1939 zu beschreiben und zu verstehen: Hoffnung, Zweifel und dann das Schlimmste, der Zweite Weltkrieg. Wieder zogen mein Mann, mein Bruder, die jungen Freunde meiner Töchter in einen Krieg – völlig ohne Begeisterung, ohne Illusionen – und sie kamen nicht zurück.»

Während des Zweiten Weltkriegs arbeitete Maria Galantowicz wieder als Lazarettschwester, diesmal in Lodz, dem damaligen Litzmannstadt. 1899 beschrieb der Dichter Reymont in seinem berühmten Roman *Das gelobte Land* Lodz als Musterbeispiel der Industrialisierung. Lodz war damals als Stadt schon 476 Jahre alt, aber erst im vorigen Jahrhundert wurde die Stadt ein führendes Zentrum der Textilindustrie. Ein Strom hochqualifizierter Facharbeiter, zumeist Deutsche und darunter vor allem Weber, zog nach Lodz, dazu viele Hilfsarbeiter überwiegend aus der polnischen Umgebung, aber auch viele Juden aus Galizien, Litauen und Weißrußland. Deutsche Unternehmer übernahmen die führenden Rollen in der Industrie. Baumwollspinnereien, Färbereien und Weißgerbereien wurden zum Symbol der neuen Ära.

Während des Krieges spielte die Stadt eine weniger ruhmvolle Rolle, da in Lodz eines der ersten jüdischen

Ghettos eingerichtet wurde, von dem aus die Menschen in die Vernichtungslager transportiert wurden.

Maria Galantowicz blieb nur für eine kurze Zeit in Lodz, weil sie den Auftrag erhielt, eine Volksschule in der Nähe von Ostrowo zu leiten. In Bittersdorf unterrichtete sie Volksdeutsche aus der Bukowina und Bessarabien:

«Diese Arbeit und das Lehren dieser Menschen war eine große Freude für mich – bis im Januar 1945 die Russen kamen. Ich weiß bis heute nicht, was aus diesen liebenswerten, fleißigen Menschen geworden ist.»

Am 20. Januar 1945 floh Maria Galantowicz. «Es begann der große Treck, irgend jemand nahm mich mit – ich landete nach etlichen Tagen in Berlin, fand meine Tochter Barbara dort.» Ihre andere Tochter erkrankte in Berlin schwer an Tuberkulose: «Eine bewundernswerte Ärztin, Frau Dr. Westphal, half Maria sehr und überwies sie an ein Sanatorium nach Agra in der Schweiz, wo sie wieder gesund wurde.»

Über Minden in Westfalen kam Maria Galantowicz dann ins Rhein-Main-Gebiet. Die schönste und interessanteste Zeit erlebte sie Ende der fünfziger Jahre in Rom. Ihre Tochter Barbara, die später CDU-Stadtverordnete wurde, bekam dort eine Stelle als Dolmetscherin in einem italienischen Pharma-Unternehmen und holte ihre Mutter nach. «In Rom wurde ich mit Barbara und meiner Enkelin Madeleine absolut glücklich. Wärme, Oleander, die Freundlichkeit der Italiener, die Antike, die Kirchen und die schönen Plätze.»

Sie liebte den Campo de Fiori, den volkstümlichen Markt Roms, der seinen Namen einer Blumenwiese verdankt, auf der im Mittelalter noch Rinder weideten. An den Marktständen dufteten frische Blumen, aber der betörende Geruch von Kräutern, Orangen, Tomaten und Fisch war vorherrschend, erinnert sich Maria Galantowicz. Die Lässigkeit der Römer imponierte der Preußin, vor allem liebte sie es, wenn sie ihrer Lieblingsbeschäftigung nachgingen und «bella figura» machten. Die Römer konnten mit unnachahmlicher Eleganz flanieren. Manchmal lief sie durch enge Gassen zum träge dahinfließenden Tiber und hinüber nach Trastevere, zur ältesten Marienkirche Roms, die noch aus dem dritten Jahrhundert stammte. Die disziplinierte Preußin genoß das Leben in Italien in vollen Zügen, denn endlich erlaubte auch sie sich ein wenig «dolce vita». Aus dieser Zeit stammt auch der Name Nonnina (Großmütterchen), den ihr die kleine Madeleine gegeben hat und den inzwischen auch ihre Urenkel Michael und Manuela benutzen.

Maria Galantowicz hat in ihrem Leben viel Kraft aus der Natur geschöpft sowie aus jeder neuen Herausforderung, vor allem aber aus ihrem starken Glauben. Sie gehört seit langem der Neuapostolischen Kirche an. Heute lebt sie in Bad Homburg.

«Glücklich bin ich auch heute in diesem wunderschönen Haus, es ist kein Altenheim, sondern eine Wohnanlage mit einzelnen Wohnungen. Jeder sorgt für sich selbst, ist aber nie ganz allein.»

Ursula Richter

Er hatte nie gedacht, daß wir den Krieg verlieren

Martha Bodi

Jahrgang 1898

Der Name Martha war damals groß in Mode ... Es muß Ihnen doch auch klar sein, wir hatten eine ganz andere Kindheit als die Kinder heute. Es gab damals alles noch nicht, was heute selbstverständlich ist. Wir hatten ja noch nicht einmal elektrisches Licht, es war wirklich ganz anders.

Unsere Familie stammte von einem Bauernhof. Mein Vater war aber Handwerker, und wir wohnten in Leipzig. Ich komme von Leipzig, und daß man das nicht mehr hört, hat mich viel Anstrengung gekostet. Ich habe mir unendlich viel Mühe gegeben, den Leipziger Dialekt loszuwerden. Ich wurde so ausgelacht, als wir damals hierher kamen. Vielleicht interessiert das, wie es damals mit den Arbeitern war.

1911 sind wir nach Hamburg gekommen. Mein Vater hatte sich vom Gesellen zum Meister hochgearbeitet, war Meister für Rauchwaren. Darunter kann sich heute gar keiner mehr etwas vorstellen. Rauchwaren, das sind Pelze, und der Vater war Zurichter und Gerber. In Leipzig wurden damals viele Pelzwaren verarbeitet. Am Brühl lag zunächst noch sein Arbeitsplatz, dort war schon seit dem Mittelalter der Platz für Gerber und Fellhändler. Später in

Schkeuditz, der Name hat einen slawischen Ursprung. Ein Vorort von Leipzig, wo heute ein großer Flughafen entstanden ist. Ich habe darüber in der Zeitung gelesen.

Wir haben ein paar Jahre dort gewohnt, und dann sind wir aufs Dorf gezogen. Unsere Straße führte auf der einen Seite nach Halle und auf der anderen nach Leipzig. Eine Durchgangsstraße war das nicht, es kamen zu wenig Fahrzeuge vorbei. Da muß ich selbst lachen, na ja, Autos gab's nicht. 1906 knatterte die erste Kraftdroschke durch Leipzigs Straßen; die elektrische Straßenbahn fuhr schon ein paar Jahre, die «Rote» und die «Blaue». Unsere ungepflasterte Straße staubte immer mächtig, wenn einer dieser Planwagen vorbeikam. Wenn es geregnet hatte, stand die Straße voller Wasser, und im Sommer gingen wir barfuß runter, und das war sehr schön. Ich erinnere die Kirschbäume am Straßenrand. Dort, nicht weit von Leipzig, kam ich zur Schule …

Aber ich wollte ja erzählen, warum wir nach Hamburg gekommen sind. Also, ein Arbeiter geht dort hin, wo er Arbeit findet. Mein Vater hatte in Leipzig-Waren eine Anstellung als Meister gefunden, und in dieser Fabrik kam es damals zu einem Arbeitskampf mit einer Aussperrung. Das ist noch etwas anderes als ein Streik. Ich weiß nicht mehr, ob ganz Sachsen betroffen war. Als Meister durfte sich der Vater nicht an dem Streik beteiligen. Es gab keine Arbeit und kein Geld. Wir hatten nichts. So etwas wie Arbeitslosengeld gab es nicht. Ein Kollege holte ihn nach Brüssel. Ein halbes oder ein ganzes Jahr war er fort und hat dort gearbeitet. Genau weiß ich es nicht mehr, ich war ja noch jung. Jedenfalls konnte der Vater die Familie nicht nachholen. Wir waren drei Kinder, ich und zwei Brüder.

Und dann kam die Aufforderung von einem anderen Kollegen, doch nach Hamburg zu kommen. In Hamburg gäbe es Arbeit. Zuerst ging der Vater allein, aber er holte die Familie dann nach.

Für mich bedeutete der Umzug einen Schulwechsel. Und … ich bin unsicher, ob man so etwas überhaupt erzählen darf!

Meine Mutter wollte mich anmelden und zeigte mein Zeugnis. Ich hatte so gute Zeugnisse aus Sachsen mitgebracht. Der Direktor und auch der beim Gespräch anwesende Lehrer meinten, ich müßte in die Selekta, in die gehobene Klasse … damals gab es noch die Selekta. Und so geschah es. Ich war dreizehn Jahre und merkte sofort, daß die Hamburger Schule viel, viel besser war. Drum sag ich auch, ob ich das erzählen soll. Was die hatten, das kannte ich noch überhaupt nicht. Ich wurde zwar nicht wieder rausgesetzt, aber ich wurde die Letzte, ich war die Schlechteste. In Sachsen war ich immer unter den ersten Dreien gewesen. Nun war ich nur ein Jahr da, aber am Ende des Jahres hatte ich schon sechs, sieben wieder überholt, denn ich entwickelte Ehrgeiz. Heute muß ich darüber lachen … Ich gab mir auch viel Mühe, weil die anderen Mädchen mich auslachten, und das wollte ich mir nicht gefallen lassen.

In der Schule war Ernährung schon ein Thema. Stellen Sie sich das vor, im Jahr 1911. Der Lehrer sprach, das weiß ich noch genau, von einer Suppe, und er fragte natürlich mich, was da reingehört. Meine Antwort, so richtig schön gesächselt: ein Stück Speck. Alle lachten. Diese eingebildeten Hamburger Mädchen, die meinten, was Besseres zu sein.

Nach der Schule schickte mich mein Vater ein Jahr auf die Handelsschule. Der Vater war auch ein bißchen ehrgeizig. Ich glaube, ich bin nach meinem Vater gekommen. Ich war die einzige, die einen Jahreskurs machte. Die anderen blieben drei oder vier Monate, ein halbes Jahr war das höchste. Und ich mußte ein Jahr bleiben. Gut, sicher habe ich schön viel gelernt, aber ich weiß nicht ... vielleicht brauchte ich auch die Zeit. Ich bin schwer, sehr schwer, oder soll ich sagen, ich bin schlecht erwachsen geworden. Ich bin lange Kind geblieben.

Ob das nicht auch etwas Schönes ist? Ja, ich weiß es nicht ... Ich will einmal erzählen, was mir dabei auch passiert ist. Jugendbegeistert war ich. Wie heute die Jugend, nur natürlich in ganz anderer Art. Wir wollten jung sein, anders sein! Wir waren für die Natur, für die Wandervogel-Bewegung. Deshalb bin ich wahrscheinlich auch so alt geworden.

Jeden Sonntag bewegten wir uns in der Natur. Das Angebot von heute gab es auch gar nicht. Man konnte schon zum Tanzen gehen, da gab es das Tanzcafé «Lübscher Baum», aber wir gingen dort nicht hin. Ein nettes Mädchen, das etwas auf sich hielt, ging dort natürlich nicht hin.

Von der Heide träumte ich schon, als wir noch in Sachsen wohnten. Einmal im Jahr kam ein Wagen mit Bickbeeren, wie wir sagten, mit Blaubeeren vorbei, und da hieß es, die kämen aus der Heide. Und da habe ich immer so gedacht, wenn du doch mal hinkönntest. Nachher war ich jeden Sonntag da, jahrelang, 70 Jahre war ich im Wanderverein.

Nun, was ich erzählen wollte ... Man hat so viel erlebt, da kommen immer andere Erinnerungen dazwischen.

Wir waren zwanzig junge Menschen, als wir uns zusammentaten, ja, wir wollten immer nur zwanzig sein, nicht mehr, keine zu große Gruppe. Wir nannten uns «Fähnlein der freien Zunft», und wir haben uns richtige Rituale geschaffen. Der Leiter war Idealist, und das Buch vom Sülfmeister in Lüneburg bei den Salzleuten wurde für uns zum Vorbild. Wir legten einen Eid ab, schworen auf eine Kiste, alles so etwas machten wir. Ich sagte ja, ich bin lange Kind geblieben. Es war vielleicht verrückt und komisch, aber es hat viel Spaß gemacht, und meine Jugend war sehr schön dadurch. Und dann heiratet man, und dann kommt der Ernst des Lebens.

Diese Schwüre, unsere Versprechen haben gehalten. Über siebzig Jahre lang. Wir haben uns immer wieder getroffen; der letzte saß hier noch auf dem Sofa mit zweiundneunzig Jahren. Und jetzt lebe ich noch …

Einen Wanderbruder habe ich aber nicht geheiratet. Zu meinem Mann bin ich auf ungewöhnliche Weise gekommen. Aber darüber will ich nicht reden. Wir hatten gerade 1939 angefangen zu bauen, da wurde mein Mann eingezogen.

Das Haus war 1940 fertig, aber ganz und gar verschuldet. Das Geld für das Grundstück hatte ich. Wir bekamen es nur, weil wir es bar bezahlen konnten. Anschließend hatten wir keinen Pfennig Geld mehr.

Jetzt würde man sicher Hunderttausende dafür bekommen, damals kostete der Quadratmeter zwei Mark, und es war sehr schön dort.

Mein Mann kam nach Rußland, in eine Kartenstelle. Material für die Flugpiloten mußte er herausgeben. Er war zuerst in Smolensk, dann in Minsk und überall. Zuletzt in Posen. Er hatte nie gedacht, daß wir den Krieg verlieren. Eigentlich war er kein Soldat, weil er schon zu alt war. Aber er war doch noch eingezogen worden. Wir hofften, daß er zurückkommt, wenn es brenzlig wird. Er war ja kein richtiger Soldat. Natürlich mußte er auch eine Uniform tragen. Er glaubte, daß man ihn rechtzeitig zurückschickt.

Ein Kamerad von ihm hat mir geschrieben. Einem Spähtrupp wurde er in Posen zugeteilt. Die Russen waren schon eingedrungen in die SA-Kaserne …

Einen Moment kehrt Stille ein, Martha Bodi scheint ihre Bilder über das Geschehen zu nah vor Augen zu haben. Sie hilft sich mit der Gegenwart und erzählt vom Saubermachen, Essenkochen, und daß sie sich jetzt zur Erleichterung dreimal die Woche eine Mahlzeit kommen läßt. Ich versuche die Vergangenheit wieder aufzunehmen. Ihr Mann sei nicht wiedergekommen?

Das hätte er wohl nie gedacht. Und ich saß allein da mit dem unbezahlten Haus. Gleich nach dem Krieg bekam man ja überhaupt kein Geld. Keinen Lohn mehr, noch keine Rente. Mein Mann war vor dem Krieg bei der DAK gewesen, und zunächst hatte ich ja den Lohn weiterbekommen, aber nachher war Schluß. Die hatten ja auch nichts mehr. Eine schwere Zeit haben wir durchgemacht. Ich mußte allein sehen, wie ich zurechtkam. Unseren Sohn habe ich erst spät bekommen, er wurde 1939 geboren.

Mein Mann war auch in einem eigenen Haus groß geworden, und er wollte so gern, daß wir ein Haus haben. Unser Kind sollte auch in einem eigenen Haus groß werden. Vielleicht habe ich deshalb das Haus gehalten. Sogar ausgebaut habe ich noch. Wir hatten es so geplant, wenn wir später zu Geld kommen. Ich habe fix gearbeitet, wirklich. Erst im fünfundsiebzigsten oder dreiundsiebzigsten Jahr habe ich aufgehört. Und ich konnte gut mit Geld wirtschaften, es gut einteilen.

Ich habe in meinem Beruf gearbeitet, immer im Büro. Denken Sie, im ersten Krieg war ich schon bei Blohm und Voss, der großen Werft, in der Korrespondenz-Abteilung. Blohm und Voss hatte bis dahin überhaupt keine Frauen, ich glaube, wir waren die ersten Frauen. Sie mußten uns nehmen, weil nicht genug Männer da waren, viele Männer waren im Krieg. Und die Firma hatte ja viel zu tun. Wir blieben nur die Kriegsjahre, dann wurden wir alle entlassen. Ausgenutzt als Kriegsarbeiterinnen, weil die Männer nicht da waren.

Ich war noch sehr jung. Mit 14 Jahren aus der Schule, ein Jahr Handelsschule und dann in den Beruf mit fünfzehn. Mir hat es ganz gut bei Blohm und Voss gefallen. Wir saßen in einem Raum. Vorn drei Chefs. Die waren aber sehr nett. Wir sind noch lange Zeit nachträglich einmal im Monat zusammengekommen. Das habe ich damals auch als positiv empfunden.

Einmal bin ich auch außerhalb von Hamburg tätig gewesen. In Itzehoe. Lange vor meiner Ehe. Ich wollte bewußt mal von Hamburg weg. Ich hatte einen, na ja, ein Freund war das nicht, aber der mochte mich so gerne und hätte mich vielleicht auch heiraten wollen. Ich war noch sehr rückständig in diesen Dingen. Und der schrieb mir damals, ich hätte mich emanzipiert, und das täte ein Mädchen nicht. Nur weil ich von zu Hause wegging. Jedenfalls habe ich mich auf eine Anzeige in der Hamburger Zeitung beworben. Für eine besondere Stelle, eine besondere Angestellte. Und ich dachte, das sei bestimmt etwas für mich. Ich wurde auch angenommen, aber behandelt wie eine einfache Stenotypistin und mußte auch so arbeiten. Dafür hatte ich mich nicht auf die Stelle beworben, und ich sagte es dem Chef. Er wollte mich testen. Ich kam in den Arbeitgeberverband von Schleswig-Holstein, als Büroleiterin.

Zum zweiten Mal geheiratet habe ich nicht. Nach diesem Mann hätte ich keinen anderen mehr genommen: Wir waren so glücklich. Da konnte ich keine andere Beziehung eingehen. Mir hat der Glaube sehr geholfen. Vom Elternhaus bin ich nicht dazu angehalten worden, meine Mutter ist erst ganz spät gläubig geworden.

Als der Krieg zu Ende war, der zweite in meinem Leben, wartete ich auf meinen Mann. Ich hatte keine Nachricht, er war vermißt. Ich hoffte, vielleicht ... Wußte, ahnte wahrscheinlich, daß er gar nicht wiederkommt. Ich habe gedacht, du mußt dir jetzt irgendwo Trost suchen, war sehr verzagt und klagte einer Nachbarin mein Leid, die in der Hasselbrookstraße ausgebombt war und eine Gartenlaube zugewiesen bekommen hatte. Ein barscher Rat war ihre Antwort: «Stell dich nicht so an!» Das war wie ein direkter Schlag. Damals habe ich beschlossen, du klagst keinem Menschen mehr etwas vor. Ich bin zufriedener geworden, schlechte Laune kenne ich nicht. Vielleicht hätte ich manchmal Grund zu klagen, aber warum soll ich klagen? Nützt das denn was? Das nützt gar nichts. Ich nehme das Leben von der heiteren Seite. Es gibt so viel Schönes.

Aber damals brauchte ich Trost, und ich fand ihn in der

Kirchengemeinde. Der Glaube spielt jetzt die größte Rolle in meinem Leben, und ich meine, er muß allen anderen Dingen im Leben vorgehen ... lernen, damit einverstanden zu sein, was Gott uns schickt. Der Glaube kommt nicht von heut auf morgen, er kommt allmählich, stufenweise. Jedenfalls bin ich zufrieden.

Erst dieses Jahr habe ich «Lydia», die Bibellesezeitschrift für Frauen, abonniert. Für jeden Tag gibt es eine Losung. Heute heißt sie «Ehre, wem Ehre gebührt». Ich führe gleichzeitig ein kleines persönliches Buch und trage unter Stichworten ein, wo ich was in der Bibel finde. Was sagt zum Beispiel die Bibel zur Obrigkeit? Dann gucke ich unter «O», oder hier habe ich «Schwach im Glauben»: und den Hinweis auf Römer 14.

Geistig frisch zu bleiben und zufrieden alt zu werden war immer mein Ziel. Es gibt viele, die genauso gelebt haben wie ich und die dennoch nicht so alt geworden sind. Das betone ich. Woran es liegt, über hundert Jahre alt zu werden? Ich kann es nicht verraten, ich weiß es nicht.

Aber es gibt schon einige Punkte, die ich für wichtig halte. Natürlich ist es gut, wenn man ein bißchen nach der Gesundheit lebt. Sehr gut ist es sicher, wenn man nicht immer Kaffee trinkt. Ich habe nie im Leben Kaffee getrunken, jedenfalls nie welchen für mich zubereitet. Ich habe ihn auch nicht vermißt. Fanatisch war ich allerdings nie, so habe ich Kaffee getrunken, wenn ich ihn angeboten bekam.

Der Mensch muß überlegen, ein vernünftiges Leben gilt es zu führen. Ich hatte immer viel Bewegung, bin gern und viel gewandert, war mit dem Fahrrad unterwegs, habe meinen Garten mit über tausend Quadratmeter immer bestellt. Die ganzen Jahre war ich so genau, penibel bis zum zweiundneunzigsten Lebensjahr, bis zweiundneunzig wirklich, von morgens bis abends bewegt. Und erst dann Ruhe. Und mit der Ruhe kamen Schmerzen von Verletzungen, die ich mir vor mehr als fünfzig Jahren zugezogen hatte. Durch ein Fahrradunglück im Zweiten Weltkrieg wurden oben auf meinem Fußspann alle Lymphgefäße zerstört. Fünfzig Jahre habe ich nichts gemerkt, und kaum, daß ich nicht mehr die nötige Bewegung habe, kommen Beschwerden. Es wird dick und schmerzt.

Also deshalb rate ich zur Bewegung. Und noch etwas: Das Singen. Ich war jahrelang im Kirchenchor. Viele Jahre, heute bin ich sogar Ehrenmitglied. Singen war für mich immer wichtig. Wir haben jeden Sonntag gesungen, viele Lieder, die ganzen Wanderlieder kannten wir. Gott hat uns den Gesang gegeben. Und wer ihn nicht nutzt, der versäumt vielleicht etwas.

Ich habe auch immer besonderen Wert auf das Essen, die Ernährung gelegt. O ja, und ich tue es ja immer noch. Heute morgen habe ich mir gerade eine Mehlsuppe gekocht. Die bekamen wir im Winter immer als Kinder, und ich mochte diese Suppe früher schon ganz gerne, und ab und zu mache ich sie mir. Nun, ich verrate kein Geheimnis, wenn ich erzähle, wie man die macht. Einfach Mehl und Wasser. Und Butter dran. So bekamen wir sie, und so habe ich sie heute morgen auch gemacht. So einfach essen wie möglich. Das ist wichtig.

Erst tue ich das Wasser in den Topf, dann Mehl, ordentlich rühren, erst aufkochen, und dann nur mit der Wärme der Platte ausquellen lassen. Salz? Nein, Salz möglichst nicht, das ist ja für den Blutdruck nicht immer schön. Und Rosinen auch nicht.

Nein, ich mache nichts dazu, nur so, wie wir als Kind sie bekamen … die Mehlsuppe im Winter. Natürlich muß das Mehl gut sein, das ist heute besonders wichtig. Das weiße Mehl würde ich nie nehmen. Ich mahle das Mehl morgens, bevor ich die Suppe zubereite. Sonst esse ich Müsli und reibe mir einen Apfel.

Ich habe in der Hauptsache vegetarisch gelebt. Nach Waerland. Ich war auch im Waerland-Bund und habe noch heute Kontakte und deshalb auch noch viel Besuch.

Wenn Sie wirklich vollwertig essen wollen, müssen Sie mal lesen, was hinten auf den Fertig-Packungen drauf steht. Erschreckend! Wieviel Chemikalien sind in dem Essen?! Und das ist das Schlimme. Daß die Menschen heute alle krank werden. Gott hat uns doch keine Chemie gegeben für die Nahrung. Essen Sie nur, was Gott Ihnen gegeben hat. Und achten Sie darauf, daß es so geblieben ist. Daß jetzt diese Gensachen auf dem Markt sind, also das ist so schlimm, das wird immer schlimmer. Die Menschen werden immer verrückter. Sie müssen alles machen, was machbar ist. Nicht was Gott gesagt hat, was wir essen sollen. Er hat doch im Alten Testament gesagt, wir sollen nur das Getreide essen und so etwas. Und wie leben die Menschen jetzt? Aber ich sage nie etwas zu denen, die es nicht wissen wollen. Sie sehen es nicht ein.

Was ich roh essen kann, das esse ich meistens roh. Tomaten oder Paprika zum Beispiel. Ich esse möglichst alles roh. Viel Frischkost. Und denken Sie mal an, ich habe mir jetzt noch ein paar Bücher über so etwas gekauft.

Meinen Sohn konnte ich nicht überzeugen, ich glaube,

er war und ist nicht zu beeinflussen. Heute ist er auch schon pensioniert, wir sehen uns regelmäßig ... Es ist in Ordnung so, wie es ist. Jeder ist ein ganz anderer Mensch, ein eigener. Sie kennen vielleicht ihre eigenen Kinder gar nicht. Sie sind ganz anders, haben vielleicht weder vom Vater noch von der Mutter etwas. So ist es ...

Die Menschen leben heute ohnehin ganz anders, und daß heute die Sexualität so im Mittelpunkt steht und daß man bei der Sexualität von Liebe redet, kann ich nicht verstehen. Gott ist die Liebe, aber nicht die Sexualität. Und dort redet man heute doch nur von Liebe.

Das war früher ganz, ganz anders. Auf der Dorfschule damals, da passierte auch mal so etwas mit einem Mädchen und einem Jungen. Aber das ist das einzige Mal, was ich erinnern kann. Und da wurde gesagt, dieses Mädchen wurde in Leipzig in eine Erziehungsanstalt geschickt, so wurde erzählt. Ob das stimmt, weiß ich nicht, aber es wurde wirklich gesagt, ich war damals zehn oder elf Jahre alt. Heute müßten sie alle jungen Mädchen dahinschikken. Stellen Sie sich das einmal vor, so hat sich die Welt geändert!

Denken Sie mal an das Leben heute und das Leben damals. Es ist ganz enorm. Wo soll das hinführen, es wird ja immer schlimmer, das Unangenehme geht ja nie zurück ... immer freier. Auch die Kirche macht jetzt mit. Deshalb bin ich mit der Kirche gar nicht so einverstanden.

Daß wir in Hamburg auch schon die Schwulen und die Lesben segnen – heiraten lassen wir sie noch nicht –, das sagt uns die Kirche hier in Hamburg. Das ist für mich undenkbar.

Natürlich sagt die Bibel dazu auch etwas. Unter welchem Stichwort könnte ich das geschrieben haben? Ich glaube nicht, daß ich das Wort Sexualität genommen habe … Widernatürlichkeit! Widernatürlicher Verkehr habe ich geschrieben, hier, Römer 1,24–27.

«Darum hat Gott sie den Begierden ihrer Herzen dahin gegeben in die Unreinheit, so daß ihre Leiber durch sie selbst geschändet werden. Sie, die Gottes Wahrheit in Lüge verkehrt und das Geschöpf verehrt und ihm gedient haben statt dem Schöpfer, der gelobt ist in Ewigkeit. Amen.

Darum hat sie Gott dahin gegeben, in schändliche Leidenschaften, denn ihre Frauen haben den natürlichen Verkehr vertauscht mit dem widernatürlichen. Desgleichen haben auch die Männer den natürlichen Verkehr mit der Frau verlassen und sind in Begierde zueinander entbrannt und haben Mann mit Mann Schande getrieben und den Lohn ihrer Verirrung, wie es ja mußte, an sich selbst empfangen.»

Die Kirchenleute lesen das doch auch, und alles andere halten sie doch auch für wahr. Diese Worte hat Paulus an die Römer geschrieben, und Paulus war wirklich ein Christ.

Ja, wenn man sucht, findet sich in der Bibel eine Antwort. Ein Beispiel will ich noch nennen. Im Alten Testament steht, man soll schnell zum Hören sein, aber langsam zum Reden. Und wer macht das heute noch, schnell zum Hören? Heute hört niemand mehr zu. Ich kann von mir sagen, daß ich den anderen zuhöre. Mir selbst hört keiner zu. Ich freue mich natürlich, wenn andere auch mal auf mich eingehen, aber man verlangt es nicht. Und ich habe Gott, er hört zu. Ich spreche, wenn ich etwas Besonderes vorhabe, mit Gott darüber und bitte ihn, daß er alles richtig macht. Auch heute, vor diesem Gespräch …

Daß ich immer noch so lachen kann, verstehe ich manchmal selbst gar nicht. Bei dieser Zeit. Wenn ich hier sitze, sehe die blühenden Pflanzen dort draußen. Die Blumen habe ich dort hinpflanzen lassen, ich sehe immer dort hinaus und erfreue mich. Für so etwas muß man selbst sorgen. Andere denken meist nicht daran.

Ich bin zufrieden, so wie es ist. Nicht jammern und klagen darüber, was ich nicht mehr kann. Ich freue mich über das, was ich noch kann. Vielleicht werde ich sogar noch 102, dann habe ich in drei Jahrhunderten gelebt! Drei Jahrhunderte erlebt!

Na ja, wenn ich nun schon so dicht dran bin, dann denk ich, dann kann ich noch … ja, ich wünsche es mir.

So wie ich hier sitze, könnt ich mich wie zwanzig fühlen. Man stelle sich das einmal vor. Im Sitzen ja, ich bin ein Sitzmensch geworden. Aber sonst … Das gehört zum Alter, fertig. Da kann ich doch nicht klagen. Ich bin zufrieden, daß es so ist.

Ja, so geht das Leben vorbei.

Gudrun Reher

Das Leben war schwer

Luise Wegner

Jahrgang 1898

Was möchten Sie von mir? Ein Buch über Hundertjährige? Meinen hundertsten Geburtstag habe ich ganz groß gefeiert, ich habe viele Blumen bekommen, so viel Besuch war hier, und es war kirchlich und feierlich, ein wunderschöner Geburtstag!

Wenn ich mit meinem Zuhause beginnen soll, ich hatte noch fünf Geschwister, ja, wir waren zu sechst. Der Vater war Fischer, und wir lebten in Pommern, in Stepenitz am Haff, im heutigen Polen. Bis 1945 habe ich dort gelebt.

Die Mutter meiner Nichten, die mich jetzt noch immer besuchen, und ich waren die beiden Jüngsten, und eine mußte immer zu Hause bleiben und dort helfen, und die andere ging irgendwo in Stellung, wir wechselten. Ich war in Berlin, habe daran aber nicht mehr so viele Erinnerungen.

Mein Vater war ein ganz großer Fischer. Alles, was im Haff herumschwamm, fischte er. Zander, Plötzen, Barsche, Aal, alles gemischt, mit dem Netz und mit Angelschnüren. Wir Mädchen hatten auch eine Angel, die wir auswarfen. Eines von uns Kindern mußte immer mit, denn mein Vater war allein, hatte keine Hilfe, und da mußten wir Kinder ihm Beistand leisten. Mußten mit ihm hinausfahren, um mit anzupacken. Die Ruder halten und das Netz einholen, das ging nicht beides für einen Mann allein. Geräuchert hat er natürlich auch. Aale, oh, da war er ganz groß. Das konnte er, mit Spänen wurde geräuchert, mit Buchenspänen, ja, ja. Wir haben meist direkt am Hafen unsere Ware verkauft. Es gab einen großen und einen kleinen Hafen und einen wunderbaren Strand mit ganz weißem Sand. Es hieß ja auch Bad Stepenitz. Da kamen die Stettiner immer rüber und kauften ein. Ich habe immer auch selbst sehr gerne Fisch gegessen, hier in Strasburg habe ich auf dem Markt Fisch für mich eingekauft, dort war er frisch. Aber das war ein anderes Leben hier in Strasburg als zu Hause, und jetzt ist auch das vorbei. Hier im Altenheim werde ich versorgt, allein ginge es jetzt nicht mehr.

1931 verstarb der Vater, die Mutter war schon sehr früh, 1923, glaube ich, war sie mit sechsundsechzig oder siebenundsechzig Jahren verstorben. Ja, meine Schwester und ich waren Nachkömmlinge und die Mutter schon über vierzig, als wir zur Welt kamen. Die anderen Geschwister waren sehr viel älter und schon aus dem Haus, ein Bruder wohnte in Berlin, das Wasser hat ihn auch geprägt, er besaß einen Schlepper und ist auch sehr alt geworden, 93 Jahre.

Beim Angeln, wenn wir mit auf dem Boot waren, trugen wir normale Kleidung, unsere Alltagskleidung, lange Röcke. Nein, Hosen oder Arbeitsanzüge kannten wir gar nicht, wir haben uns doch nicht verkleidet! Wir mußten kräftig rudern, und der Vater holte die Netze, Reusen und Angelschnüre ein. Es war selbstverständlich, daß wir das machten, allein konnte er das nicht. Oh, schwimmen konnte ich nicht, das habe ich nie gelernt. Wir hatten als Kinder auch einen Sonntagsstaat, ein schönes, gutes Kleid, es gibt noch irgendwo in der Familie meiner Schwester ein Foto, wo wir beide mit den Kleidern und Strohhüten mit Blumen darauf zu sehen sind.

Ich selbst habe keine Kinder, mein Mann Franz fuhr zur See, «große Fahrt» sagten wir dazu. Von Stettin oder Hamburg ist er gefahren und war häufig lange unterwegs. Das war vor dem zweiten Krieg. Er ist bis 1945 gefahren, danach nicht mehr. Ich lebte bis 1945 in Stepenitz. Im Haus meiner Schwiegereltern habe ich nach meiner Heirat gewohnt. Ich habe mit einundzwanzig Jahren geheiratet, in einem weißen Kleid. Da war mein Mann tatsächlich einmal zu Hause. Er fuhr nach Dänemark, Finnland und Norwegen, dort hat er später auch Kriegsmaterial hingeschafft.

Ich habe noch Erinnerungen an die Flucht, ja. Die Russen waren schon ganz nah zu hören. Stepenitz liegt etwa zwei Stunden östlich von Stettin, und wir sind in der Nacht durch Wiesen ... wir waren die letzten, die rauskamen. Wir wollten ja nicht fort, unsere Familien waren immer dort zu Hause gewesen, solange wir denken können, in dieser kleinen Gemeinde. Marktflecken hießen sie in dieser Größe. Bauern und Fischer-Familien waren wir seit alters her. Nein, wir wollten nicht fort, ich wollte nicht von dort weg. Meine Schwester war schon mit ihrer Familie mit einem Kahn fort, sie konnten noch einiges mitnehmen. Später habe ich erfahren, daß sie bis nach Marchin gekommen waren und wohl nicht so viele Probleme wie die Menschen im Treck hatten. Ich sollte ja mit, aber ich wollte nicht. Ich war allein, mein Mann nicht da, ich hoffte, er käme und ich müßte nicht fort. Und dann im letzten Moment, wir waren noch mehrere Leute, wir sind von Stepenitz mit dem Boot nach Ziegenort, sie holten uns rüber, über das kleine Papenwasser. Und von Ziegenort sind wir irgendwie mit der Bahn weggekommen. Ich glaube, es war im März 1945. Es gab große Wartezeiten, das ging alles nicht mehr so. Tausende von Menschen waren unterwegs, Flüchtlinge und Soldaten. Es war damals alles sehr, sehr schwierig. Ja, bei Nacht und Nebel, ohne meinen Mann, allein, ohne etwas flüchtete ich. Irgendwie kam ich nach Elmshorn. Aus der Familie meines Mannes gab es dort Verwandte, und ich hoffte ... und tatsächlich, dort haben wir uns dann getroffen. Franz fand mich in Elmshorn. Ich erinnere noch, daß es dort damals alles sehr streng gehandhabt wurde, keiner durfte abends auf die Straße gehen, und überall waren Flüchtlinge aus dem Osten, die nicht wußten wohin, eine große Not und die vielen Elendsquartiere, Notunterkünfte im ganzen Land.

Mein Mann Franz versuchte Arbeit bei der Handelsmarine zu bekommen, aber dann meldete sich meine Schwiegermutter, die bei ihrer Flucht bis Strasburg in der Uckermark gekommen war. Sie bekam eine Siedlungsstelle. Gleich im Sommer 1945 wurde auf dem Gebiet der späteren DDR eine Bodenreform eingeleitet, dadurch wurden die Güter aufgesiedelt, wie es hieß, und solche Siedlung nahm die Schwiegermutter, und mein Mann und ich kamen dann 1946 dazu. Wir hatten ein kleines Zimmer und eine Bodenkammer, sehr, sehr einfach, und mußten uns tüchtig plagen. Pferde gab es nur wenige, man hatte Glück, wenn man sich mal eins ausleihen konnte. An Maschinen war gar nicht zu denken gleich nach dem Krieg. Wir kriegten eine Kuh, ein Schwein und einige Schafe. Das Land war bloß sieben Hektar groß, aber irgendwie konnten wir davon leben. Es war nicht leicht, nein, es war wirklich schwierig, sehr schwierig, wir wurden nicht für voll gehalten, wir zählten nicht. Na ja, das war mit den Flüchtlingen so, nach 1945, da war'n wir eben, ich sag's offen, wir hatten nichts und wir waren nichts. Man war ja doch … Alle wußten es und behandelten uns auch so. Wir aus dem Osten, wir Flüchtlinge, waren ja nach dem Krieg die Ausländer! Wir waren nicht so anerkannt, wir mußten uns erst wieder etwas erarbeiten, zeigen, daß wir auch etwas können, und das ist schwer, wenn man ganz von vorn anfangen muß.

1954 starb mein Mann an Lungenkrebs. Ich machte noch ein Jahr weiter, dann gab ich die Siedlungsstelle auf und ging arbeiten, erst für dic ÖLB, später hießen die Genossenschaften dann LPG. Ich hab mich schon plagen müssen, im Forst, als Waldarbeiterin, in der Landwirtschaft, ich habe eigentlich immer schwer körperlich gearbeitet, ja, richtige Muskeln hatte ich. Bis zum siebzigsten Lebensjahr habe ich auf der LPG gearbeitet und dort auch gewohnt bis zum siebenundachtzigsten Geburtstag. Marienfelde hieß der kleine Flecken, die Reste von der Gutssiedlung. Das Haus fiel fast ein, und ich bin immer zu Fuß zum Einkaufen die vier Kilometer nach Strasburg und wieder zurück. Dann bekam ich in Strasburg eine kleine Wohnung. Das war viel günstiger mit dem Einkaufen. Mit neunundneunzig Jahren mußte ich die Wohnung dann aufgeben.

Ich war viel allein, vielleicht deshalb auch immer resolut, ich mußte die Dinge ja für mich selbst entscheiden.

Ja, ja, wir haben viel durchgemacht. Bei Wind und Wetter draußen, ich bin häufig krank gewesen, durch die Waldarbeit, Lungenentzündungen und, und, und ... und im Alter immer dicke Knie, Gelenkentzündungen, Rheuma, ich konnte es vor Schmerzen nicht aushalten, man konnte mich kaum anfassen.

Aber ich will nicht verschweigen, daß es jetzt hier im Altenheim viel besser geworden ist. Ich habe durch die vernünftige Verpflegung in den letzten zwei Jahren abgenommen, und – es ist schon ein kleines Wunder – ich habe keine Schmerzen in den Gelenken mehr. Früher habe ich immer viel Fleisch gegessen, sehr, sehr fett. Wenn wir Bauchfleisch kauften, nun ja, das konnte nicht fett genug sein, viel Butter und viel Milch, sehr viel Milch; jeden zweiten Abend habe ich zwei Liter Milch vom Bauern geholt, für mich allein, oh, ich hab so gern gekocht und gegessen! Ich habe mir mit dem Kochen auch ein wenig dazuverdient, bei Familienfesten, und wenn geschlachtet wurde, war ich natürlich auch dabei. Ich liebe diese Landleberwurst so sehr ...

Jetzt bin ich schlank und habe keine Beschwerden mehr.

Zu DDR-Zeiten hatte ich nur die Mindestrente, die eigene, das waren 250 bis 300 Mark, und dann die Witwenrente, das waren sechzig Mark dazu. Damit habe ich gelebt. Gut, die Miete war sehr gering für die kleine einfache Kammer im Gutshaus, zwölf Mark?

Ich weiß nicht mehr genau, vielleicht mußte ich auch nur die Energie zahlen.

Ich, mein Mann oder die Schwiegermutter haben keine Entschädigung, keinen Lastenausgleich für unsere Häuser, unser Hab und Gut in Stepenitz erhalten. Zu DDR-Zeiten gab es solche Dinge nicht. Jetzt, nach der Vereinigung, nach der Wende 1989, haben wir die 4000 Mark bekommen, die es von der Regierung gegeben hat. Hier gab es ja nichts; jetzt gab es 4000 Mark, die die Vertriebenen bekommen haben. Für Land und Boden, für die Siedlungsstelle, die ich in den fünfziger Jahren aufgab, bestand die Regelung, wenn einer den Boden nicht weiter bestellt und keine Erben da sind, die weitermachen, dann fällt das Land an den Staat zurück.

Jetzt habe ich etwas über 400 Mark Witwenrente, für achtundzwanzig Jahre Arbeit meines Mannes, mehr war nach dem Seemannsbuch nicht nachweisbar, und noch ein paar Jahre zu DDR-Zeiten in der Landwirtschaft. Und ich selbst würde jetzt knapp zweihundert Mark eigene Rente bekommen, weil ich keine Nachweise für die Zeit vor 1945 habe, gearbeitet habe ich ja mein Leben lang, aber keine Nachweise. Gleich nach dem Krieg konnte man zwar eine eidesstattliche Erklärung darüber abgeben, aber damals … ich wußte es nicht, und wir waren froh, daß wir ein Dach über dem Kopf und zu essen hatten.

Jetzt gibt es einen sogenannten Auffüllbetrag, also auch so etwas wie die Mindestrente, 500 Mark sind das. Aber es geht ja alles in die Kosten hier fürs Heim hinein.

Schwere Stunden haben wir hinter uns, viel durchgemacht. Das Leben war schwer.

1973 bin ich mit den Nichten nach Stepenitz gereist, geguckt, wie es aussieht, und immer gesagt, da haben die gewohnt, da hat der gewohnt, da war unser Haus. Ich habe davorgestanden: Da war unser Haus. Das war links von unserem Haus, das dort war hinter unserem Haus und ... unser Haus war weg, es fehlte. Da war nur noch Gras.

Ich habe ja 1945 nichts mitnehmen können, nicht viel, wir mußten ja laufen. Das bißchen, was ich an Schmuck hatte – und es war ja nicht viel –, das hatte ich damals in der Küche im Schornstein versteckt, da war so eine Lücke. Natürlich war das auch weg. Nur noch Gras, da war nur noch Gras. Nur ein paar Dokumente hatte ich dabei. Fotos, nein. Die Schwester hat einige retten können.

Aber ich habe noch ein Erinnerungsstück von damals. Na ja ... was man so nennt. Meinen Fuchs, meinen Silberfuchs von meinem Mann Franz, den habe ich noch. Den brachte der Franz eines Tages von einer Reise mit, geschmuggelt, um den Bauch hatte er ihn gewickelt. Und Erinnerungen habe ich, Erinnerungen an Stepenitz, an das Haff, den Vater im Boot, an den wunderbar geräucherten Aal ...

Oh, ich habe meinen hundertsten Geburtstag ganz groß gefeiert, mit toller Musik, mit ganz toller Musik, kirchlich, ja ...

Und ich habe mich bei allen bedankt für den wunderschönen Tag, wie die Queen Mum, so ein wenig mit der Hand gegrüßt, großzügig, nach allen Seiten, es war sehr schön, und wir haben gesungen «Lobe den Herren».

Gudrun Reher

Unser Leben lief dahin – so eben weg

Elfriede Delfs, geborene Malicke

Jahrgang 1893

Elfriede Delfs wohnt im Altenzentrum Martha-Haus. Sie ist es gewohnt, hohen Besuch zu bekommen: wer mit dem Hamburger Bürgermeister auf einem Tag Geburtstag hat und 106 Jahre feiert, der weiß, daß der Bürgermeister den Weg zum Gratulieren schon kennt.

Fast 103 Jahre versorgte Elfriede Delfs sich in der Ende der fünfziger Jahre bezogenen Seniorenwohnung selbst, jetzt ist sie froh, betreut zu werden. Und dies in einer Einrichtung, in der ihr Vater, Ernst Malicke, neben seinem Beruf als Justizobersekretär von 1915 bis zu seinem Tod 1930 die Bücher führte. In große, dicke Bücher, die der Vater mit nach Hause brachte, trug er Soll und Haben der Martha-Stiftung ein.

Mein Vater bekam für die ehrenamtliche Buchführung hundert Mark im Jahr als Anerkennung, aber für die Eltern war auch dieses Geld wichtig, das kleine Beamtengehalt des Vaters und die große Familie, da zählte jeder Groschen. Der Vater war aus Schlesien, und ich wurde als drittes von vier Kindern geboren. Die Mutter starb, als ich noch nicht zehn Jahre alt war, und der Vater mußte wieder heiraten, da er unmündige Kinder hatte, und es kamen dann noch vier Geschwister. Meine vier Brüder haben alle die höhere Schule besucht, und von denen habe ich in einer Weise noch viel gelernt, ich mußte bei ihnen Englisch abhören. Ich selbst habe nur die Volksschule besucht, das gab es damals noch nicht, daß die Mädchen die höhere Schule besuchten. Mit fünfzehn Jahren verließ ich die Schule nach der Selekta und blieb vier Jahre zu Hause, um die Geschwister zu betreuen. Ich konnte nebenher das Konservatorium besuchen, Klavier und Gesangsunterricht bekam ich.

Mein Vater war ein sehr gläubiger Mensch, er ging jeden Sonntag in die Kreuzkirche und legte Wert darauf, gut angezogen zu sein, er trug einen Gehrock und einen Zylinder. Als meine Brüder größer wurden, genierten sie sich, wenn der Vater den Zylinder aufsetzte, und wenn sie in der Konfirmationszeit mit ihm in die Kirche mußten, gingen sie immer ein paar Schritte hinter ihm. Pastor Budde predigte dort, er war ein strenger Pastor, ein sogenannter Herrmannburger. Ich bin auch von ihm konfirmiert und am 30. Oktober 1920 getraut worden. Wir hatten zwei große, schöne Leuchter und eine große Bibel zu Hause und errichteten einen kleinen Altar, und Pastor Budde kam zu uns und stand mit seinem langen Talar und der weißen, üppigen Halskrause davor. Der Vater war im Posaunenchor, er blies das Tenorhorn, und wenn der Chorleiter einmal verhindert war, durfte unser Vater den Chor leiten. An den Wochenenden machten wir zusammen mit dem Chor Ausflüge zum Stadtrand, in die großen Wälder bei Poppenbüttel und Wellingsbüttel. Und dann wurde gespielt, und viele Spaziergänger hörten zu.

Wir haben immer sehr viel auf gute Kleidung gegeben, und wie wir verdient haben, waren wir natürlich besonders stolz, wenn wir etwas Schönes ergattert hatten, ja, wir haben Wert auf die Garderobe gelegt. Das war bei uns zu Hause schon so. Wir haben viel genäht, waren immer ordentlich angezogen. Der Vater legte auch viel Wert auf unsere Erziehung, auf den Ausdruck, auf die deutsche Sprache. Unser Vater achtete darauf, der rief hinter uns her: «Das ist kein Satz!»

Der Glaube hat in meinem Leben keine entscheidende Rolle gespielt, das kann ich sagen, gläubig schon, aber … ich bin, glaube ich, ein freundlicher Mensch, aber auch ein richtig fröhlicher war und bin ich nicht, weil in unserer Familie doch auch viele Sorgen waren, der Vater, ein mittlerer Beamter, alles war nicht so reichlich, wir mußten schon ein bißchen durch die Finger schauen.

1911 wurde ich Telefonistin im Telefonamt in Hamburg, am Stephansplatz. Ich habe interessante Gespräche vermittelt, ja, wir mußten ja immer mithören, besonders beim Fernamt. Es gab das Ortsamt, das Fernamt, und ich habe viel im Fernamt gesessen, die Orte vermittelt. Aber mithören konnten wir, mußten wir auch, damit die Zeit innegehalten wurde. Denn wir hatten an unserem Platz eine eingebaute Uhr, und ein Gespräch durfte nur drei Minuten dauern. Und dann mußte man immer so kleine Zettel ausfüllen, das waren die Rechnungen, die wurden nachher dem Telefonkunden zugeschickt.

Meinen ersten Freund lernte ich am Strand in Blankenese kennen. Der ist gleich im Krieg, im ersten, gefallen. Er war im Baufach, die erste Hand bei einer großen Firma, und immer sagte er, als er in den Krieg zog: «Weißt du, wenn ich wiederkomme, dann bauen wir uns ein schönes Haus.» Aber das soll ich ja heute noch kriegen.

Meinen Mann Heinrich habe ich durch eine Freundin kennengelernt. Die beiden hatten schon als Kinder zusammen gespielt, und so sind wir dann zusammengekommen, wir kannten uns schon mehrere Jahre, als wir dann 1920 heirateten. Ich mußte meine Arbeit aufgeben, wenn man heiratete, durfte man nicht mehr am Telefonamt sein. Die nahmen keine Verheirateten, nur Ledige.

In den zwanziger Jahren machten wir jeden Sonnabend oder Sonntag Wandertouren in die Heide, auf die Harburger Berge, so in dieser Art. Und das ist uns immer sehr gut bekommen. Dann hatten wir den ganzen Tag viel darüber zu erzählen, was wir so erlebt hatten.

Mein Ehemann war Kolonialwarenhändler en gros und en detail. Er war zunächst in einem großen, erstklassigen Geschäft beschäftigt, erster Geschäftsführer war er dort am Hamburger Gänsemarkt. «Schopp» war, glaube ich, der Name. Dort wo heute der UFA-Kinopalast steht. Und da ich keine Stellung mehr hatte, habe ich dort auch mal ausgeholfen und Salate zubereitet. Meine Tochter kann eine Geschichte, die da passiert ist, eigentlich viel besser erzählen, ich mag über diese Dinge nicht so sprechen. Meine Tochter kam 1925 zur Welt. Ich hatte mir ein Sonntagsmädchen gewünscht und habe es bekommen. Dabei ist es auch geblieben.

Ich erreiche die Tochter telefonisch, sie sagt: «Wenn ich ehrlich bin, meine Mutter war und ist ein wenig prüde, und deshalb muß ich erzählen, was sie dort als junge Frau im Hinterhof erlebt hat. Sie saß am Fenster und pellte Kartoffeln. Auf der anderen Seite des Hofes lagen die Fen-

ster des Stadt-Bordells, ‹Kalkhof› hieß es, glaube ich. Und die dortigen Damen lachten meine Mutter aus, machten ihre Späße über sie, und sie war sehr gekränkt, daß sie dieser Situation ausgesetzt war. Übrigens erzählten meine Eltern, daß der dänische König Friedrich VIII. dort im Etablissement verstorben sei, im Mai 1912. Später hieß es dann offiziell, er wäre inkognito in Hamburg gewesen und hätte bei einem Spaziergang einen Schwächeanfall erlitten. Jedenfalls fand ein Schutzmann ihn auf einer Parkbank auf dem Jungfernstieg. Das war gleich um die Ecke vom Bordell. Und wie er auf die Bank gekommen ist, hat niemand gesehen. Der Schutzmann hat den unbekannten Toten ins Hafenkrankenhaus bringen lassen.»

Zurück zu Elfriede Delfs.

Bis Anfang der dreißiger Jahre ging es uns ganz gut, mein Mann wechselte die Stellungen, unter anderem arbeitete er auch als Schiffsausrüster. Wir zogen mehrfach um und konnten uns auch Reisen in Deutschland leisten. 1932 verlor mein Mann seine Arbeit, er versuchte eine neue Existenz mit einem Fischgeschäft aufzubauen, aber die Zeiten waren schlecht, eine Rezession, und die Menschen hatten kein Geld. Ich schneiderte zu Hause, um zum Leben beizutragen. 1936 bekam Heinrich eine Arbeit als Lagerhalter bei der «Produktion», dem Konsum-, Bau- und Sparverein. 1943 verloren wir durch die Ausbombung alles. Über Arneburg, Stendal wurden wir nach Tangermünde verschlagen, wo mein Mann bei der dortigen «Produktion»-Filiale Arbeit fand und auch eine Wohnung.

1945 wiesen die Russen uns aus der Wohnung, und wir mußten wieder neu anfangen. Nach Hamburg zurück ging nicht so einfach, wir waren ja zu Buten-Hamburgern geworden, also hatten die Stadt im Krieg verlassen müssen. Unsere Tochter hat sich allerdings dadurch nicht abhalten lassen und ist bei Nacht und Nebel 1945 zurück nach Hamburg. Wir kamen erst 1956 nach langen Verhandlungen zurück, erst, als mein Mann Rentner wurde. Unsere Sachen konnten wir offiziell mitnehmen, sie kamen in einen Eisenbahnwaggon. Zehn gemeinsame Jahre verblieben uns, 1966 verstarb Heinrich.

Wir waren so erzogen, daß man der Obrigkeit gehorchte. Ich habe den Zweiten Weltkrieg in Hamburg erlebt, die Bombardierung 1943. Ja, habe ich alles erlebt. Im Lager war ich nicht, aber es war ja so schrecklich genug.

Ob ich eine politische Frau war? Heute interessiert mich ja die Politik noch, Nachrichten sehe ich noch immer, oder ich höre sie. Ich habe ein kleines Radio. Insbesondere, wenn Wahlen sind, ich wähle immer noch. Zur Zeit haben wir doch eine sozialdemokratische Regierung, und ich denke, das wird eine Weile bleiben, ob ich das für gut oder schlecht halte, ja, das kann man eigentlich nicht direkt sagen, man müßte es erleben.

Bei der letzten Jahrhundertwende, vor hundert Jahren, war ich sieben Jahre alt und habe daran noch Erinnerungen, ja, was soll ich sagen? Die Leute waren alle sehr ängstlich, da passierte wohl wer weiß was: Der große Stern mit dem Blauschweif würde über die Erde gehen und würde alles Irdische vernichten. Aber das hat es nicht gegeben, es war kein Stern zu sehen, und es war keine Vernichtung zu sehen. Einige Leute haben ihr ganzes Geld vertan, und einige haben sich das Leben genommen, weil sie nicht vergiftet werden wollten ... oder war das beim Halleyschen Kometen 1910 oder 1911?

Um ein so wunderbares Alter zu erreichen, muß man besonders auf seine Gesundheit achten, man muß viel in die frische Luft gehen, man muß viel schwimmen, ich kann allerdings gar nicht schwimmen. Ich bin als Kind einmal ins Wasser gefallen und seitdem ...

Man muß viel wandern, frische Luft einatmen, ich bin immer mit mehreren jungen Mädchen und jungen Leuten wandern gegangen. Wir waren so eine kleine Clique.

Und zufrieden sein ... Es ist mir so, wie es verlaufen ist, schon recht gewesen. Ein besonders eindrucksvolles Erlebnis? Das kann ich nicht sagen, unser Leben lief dahin, so eben weg.

Gudrun Reher

Wir haben keine Scheu gehabt, die Buben zu verkloppen

Magdalena Burkhardt

Jahrgang 1895

«Sag Madeleine zu mir», fordert Magdalena Burkhardt ihren Besuch auf.

Sie sitzt in einem bequemen Sessel und ihre Augen wandern zu einer Kommode, auf der Bilder von Sohn, Mann und Verwandten stehen. Daneben ein Kästchen. Sie öffnet es und sagt: «Schau, Hermännchens erste Härchen.» Ihr Sohn Hermann ist seit der Schlacht um Stalingrad vermißt. Er wurde gleich nach dem Abitur eingezogen, er hätte gerne Chemie studiert.

Magdalena Burkhardt ist geborene Elsässerin. Fragt man sie nach ihrer Heimat, so nennt sie nicht die Kurpfalz oder die Pfalz, wo sie immerhin fast neunzig Jahre gelebt hat, sondern das Elsaß, das sie mit etwa sechzehn Jahren verließ.

Als Vollwaise kam das junge Mädchen zu Verwandten nach Mannheim, wo Onkel, Tante und Cousine gegenüber der Schillerschule wohnten. Der Onkel Adam Homann war ein Bruder von Madeleines Mutter: «Ich wurde sehr gut aufgenommen, Onkel und Tante waren sehr lieb, die Mannheimer Jahre waren auch glückliche Jahre.»

Doch die Heimat ist und bleibt das nördliche Elsaß, der Ort Woerth an der Sauer, wo Madeleine 1895 in der

Brauerei ihrer Eltern geboren wurde. Heute ist dort das Gasthaus «L'Étoile d'Or», der Goldene Stern, untergebracht. Glückliche Jahre müssen es gewesen sein für die kleine Madeleine, sie spricht von «so schönen Erinnerungen» an das Dorf, das zwischen Hügeln und Wiesen eingebettet liegt. Sie sei ganz schön frech gewesen damals, und «wir Mädchen hatten keine Scheu, die Buben zu verkloppen».

Damals war das Elsaß gerade mal wieder deutsch, wilhelminisch sozusagen, aber, so sagt Madeleine, «die Älteren fühlten sich mehr als Franzosen».

Das ist überhaupt nicht leicht zu verstehen, das mit dem Elsaß, und sie meint: «Es gab sone und solche.» Auch innerhalb von Familien gab es häufig Uneinigkeit über die nationale Zugehörigkeit, ein stetes Hin und Her.

In ihrem Mädchenpensionat in Haguenau, wo sie die damals typische «Höhere Töchter-Ausbildung» erhielt, lernte sie natürlich die französische Konversation, aber auch Lieder wie «Frère Jacques». Die Elsässer Kinder sangen auch «Bruder Jakob»; noch heute kann man, wenn man durch Wissembourg geht, das damals Weißenburg hieß, Gespräche aufschnappen, in denen sich das Französische und das Elsässerdytsch – der typische Dialekt – vermischen.

Auch in Madeleines Elternhaus machte sich der Einfluß beider Kulturen bemerkbar, zum Beispiel in der Kochkunst: «Meine Mutter kochte sehr gut», sagt mir Madeleine und erzählt, daß sie selbst auch ein gute Köchin gewesen sei. Wenn der Gugelhupf, der unvergleichliche Elsässer Napfkuchen, die Quiche Lorraine oder der

Hahn in Riesling genannt wird, nickt Madeleine und strahlt: «Ja, das war was ganz Wunderbares.»

Vom guten Elsässer Essen kommen wir auf einige Orte wie Wissembourg und Sesenheim – heute Sessenheim – nördlich von Straßburg zu sprechen. In Sesenheim hatte Goethe als junger Straßburger Student die hübsche Friederike Brion kennengelernt und sich in sie verliebt. Er wurde freundlich in der großzügigen Familie aufgenommen, verließ Friederike aber wieder. Es soll ein Kind gegeben haben; die Nachfahren der Brions haben jedoch die Papiere vernichtet, so daß die Beziehung Goethes zu Friederike weiter rätselhaft bleiben wird. In Sesenheim gibt es heute in einer Gaststätte nahe der Kirche ein kleines Goethemuseum.

Madeleine Burkhardt äußert zu Friedrikes Schicksal den weisen Satz: «Ja, ja, zuerst das ganze Tralala, und dann läßt er das arme Mädel sitzen.»

Überhaupt hat Madeleine mit ihren 104 Jahren eine praktische und offene Einstellung zu den «Dingen des Lebens». Folgende kleine Episode soll das verdeutlichen: Madeleine hat als «Höhere Tochter» in Haguenau, wie es damals üblich war, allerlei Handarbeiten hergestellt. Eine ihrer schönsten Arbeiten, eine Stickerei mit feinem rotem Garn auf weißem Leinen, stellt eine typische Elsässer Szene dar: Ländliche Figuren, Männer, Frauen und Kinder in Elsässertracht, mit Butterfaß und Erntekranz.

«Ich war, als ich das gestickt habe, so etwa zehn Jahre alt, und ich machte das Tuch anläßlich einer Hochzeit, die aber zugleich Kindstaufe war. Unverheiratet Kinder zu bekommen gab es damals auch schon. Ehrlichkeit ist doch besser als Scheinheiligkeit. Es war eine schöne Hochzeit und eine schöne Kindstaufe.»

Madeleine freut sich, wenn man sie auf Woerth anspricht. Sie hat es immer geschafft, einmal im Jahr an ihren Geburtsort zu fahren. Noch heute gibt es unten an der Sauer die Stelle, an der die Frauen die Wäsche wuschen: Eine hölzerne Vorrichtung, ein Steg zum Hoch- und Runterkurbeln, je nach Wasserstand. Es gibt dort auch ein Renaissanceschloß, das heute ein Museum ist, mit einem kleinen Park, erinnert sich Madeleine.

Leider hat Woerth – wie Wissembourg auch – traurige Berühmtheit erlangt, denn es war kurz vor Woerth, daß die Heere der «Erbfeinde», der Deutschen und der Franzosen, im Krieg von 1870/71 aufeinander trafen.

Madeleine sagt, daß sie als Kind Berichte der Großen hörte, wonach das mitten durch den Ort führende Flüßchen Sauer «rot war vom Blut der Soldaten», und vom benachbarten Dorf Froeschwiller sei «das Blut den Berg heruntergeflossen». Das war im August 1870. Dann fügt sie hinzu: «Der ganze Haß, wozu?» Dem heutigen Frieden zwischen den Nachbarländern traut sie immer noch nicht, «denn so hundertprozentig sind sich die Nachbarn immer noch nicht gut».

Die Skepsis verwundert nicht, wenn man bedenkt, daß sie in ihrem Leben schon viele Bruderzwistigkeiten erlebt hat. Aber den deutsch-französischen Schüleraustausch heute heißt sie gut.

Nach der Jahrtausendwende wird Madeleine Burkhardt sagen können, daß sie in drei Jahrhunderten gelebt hat. Und das wäre keine Lüge.

Zur Jahrhundertwende 1899/1900 war sie gerade mal

fünf Jahre alt, und sie erinnert sich noch an eine Episode aus dem Elsaß: «Damals liefen die Straßburger Leute am Münster zusammen, denn es ging die Sage, daß der Hahn auf dem Straßburger Münster alle hundert Jahre anfängt zu krähen.»

Die Elsässer Zeit ging jäh zu Ende, als Madeleine die Eltern verlor. In Mannheim fand sie dann, wie gesagt, ein zweites Zuhause, und mit vierundzwanzig Jahren heiratete sie den fast dreißig Jahre älteren Sägewerksbesitzer Adolf Burkhardt aus Frankenstein, einem Dorf zwischen Bad Dürkheim und Kaiserslautern.

«So glückliche Jahre, mein Mann trug mich auf Händen», erinnert sie sich mit Wehmut in ihrer Stimme, Traurigkeit über das Vergangene und Verlorene. Die finanziellen Mittel für einen großbürgerlichen Lebensstil mit Villa, Dienstmädchen und Kultur waren vorhanden. Madeleines Mann war ein guter Pianist, ein Musikliebhaber, der auch Hauskonzerte gab. Die Pfarrer – katholisch und evangelisch – taten einig mit. Es herrschte eine liberale Atmosphäre im Haus. Madeleine erzählt, ihr Mann habe auch mit dem «Lehrer Michel aus Westheim bei Speyer, das war mein Urgroßvater väterlicherseits», gemeinsam Klavier gespielt.

Mehrmals fuhren die Burkhardts in den zwanziger Jahren mit dem eigenen Auto zu den Wagner-Festspielen: «Es waren schöne Zeiten damals in Bayreuth. Ich habe viele berühmte Sängerinnen und Sänger gehört.»

Das Ehepaar reiste viel: «Und es gehörte auch dazu, in Paris gewesen zu sein.»

Noch heute ist Madeleine anzumerken, daß es schöne Zeiten für sie gegeben hat. Es gibt eine Videoaufzeichnung von ihrem hundertsten Geburtstag, vom 5. März 1995. Damals wurde im Bürgerhaus von Frankenstein, wo sie seit 1919 gelebt hatte, bis sie 1993 ins Seniorenheim zog, ein Empfang zu ihren Ehren veranstaltet.

Nachdem sie auf die feierlichen Reden eine kleine Dankesrede gehalten hatte, lud sie mit der Geste einer «Grande Dame» zum Tafeln ein, denn «man wird nur einmal hundert Jahre alt».

In jener Rede hatte sie auswendig Dietrich Bonhoeffer zitiert, den evangelischen Theologen, der als Widerstandskämpfer von den Nationalsozialisten hingerichtet worden ist:

> «Von gute Mächten wunderbar geborgen,
> erwarten wir getrost, was kommen mag.
> Gott ist mit uns am Abend und am Morgen
> und ganz gewiß an jedem neuen Tag.»

«Mir geht es nicht so schlecht, wie es ihm ging, aber an seine Worte habe ich mich immer gehalten», sagte sie.

Vielleicht ist es das, was Madeleine Burkhardts hohes Alter erklärt, nämlich die Gabe, nicht bedauernd zurückzuschauen, denn es gäbe bestimmt Gründe für Verbitterung, sondern das anzunehmen, was das Heute und das Morgen bringt. Nicht dem glanzvollen Vergangenen nachzutrauern, sondern das bescheidene Heute anzunehmen.

Gibt es eine weitere Erklärung für das hohe Alter von Madeleine Burkhardt? Tatsache ist, daß es da einen Onkel gab, der 101 Jahre alt wurde. Er war Förster bei Woerth.

Oder ist es die Tatsache, daß sie immer noch am Tagesgeschehen und an aktuellen Dingen Interesse hat?

So hat Madeleine Burkhardt im Alter von 99 Jahren bei einer Fahrt durch das Städtchen Landstuhl ihre Begleiterin noch gefragt, in welchen Modeboutiquen man gut einkaufen könne.

Mit einundneunzig Jahren wanderte sie noch im Wanderclub «Pfälzer Waldverein» mit, und mit einundachtzig Jahren flog sie nach Moskau, um anschließend mit dem Schiff nach Stalingrad zu fahren. Unterwegs wurde sie zur Wolgakönigin gekürt, wobei der Schiffskapitän zweimal in den Reisepaß schaute. Die Mitpassagiere nahmen ihr das damals schon hohe Alter kaum ab.

Madeleine Burkhardt hat ihre Eltern, Geschwister, ihren Mann und ihren Sohn schon lange verloren. Aber sie kann sich immer noch freuen. Als wir gerade in der Nähe ihres Altenheimes an einer gelbblühenden Hecke vorüberfahren, sagt sie: «Ach guck mal, die gelben Blumen. Schön, gell?»

Lilo Beil

Hamburger Aalsuppe! Oh, oh, das Beste was es gibt!

Carl Bernnegger

Jahrgang 1896

Sein Arbeitstisch ist bepackt mit Büchern und einer aktuellen Tageszeitung. Carl Bernnegger liest mit großer Leidenschaft.

Norddeutsche Autoren bevorzugt er auch heute, und auf einem kleinen handgeschriebenen Zettel zeigt er mir einen Hinweis auf Theodor Storms Novelle Carsten Curator. Mit dieser Novelle hatte sich der große Husumer Dichter und Schriftsteller besonders schwergetan. Über zehn Jahre hat Storm diesen Stoff, die eigenen leidvollen Erfahrungen mit dem Sohn Hans, mit sich herumgetragen. Carl Bernneggers Ehe ist kinderlos geblieben. Er selber hat sich immer als Sohn gefühlt. Die Erinnerungen an die Eltern sind präsent.

Ich bin gebürtiger Hamburger, echter Hamburger. Mein Vater hatte eine große Firma hier in Hamburg am Alten Wall und viel mit Geschäftsleuten zu tun.

Ich selbst bin ja alt und seit langem im Ruhestand, mit 103 Jahren arbeitet man ja nicht mehr. Durch das Elternhaus war ich gut versorgt, bin aber auch immer ein fleißiger Mann gewesen, ja, sicher. Beruflich war ich bei der Deutschen Bundespost. Amtmann. Was ich gemacht habe? Was man als Amtmann macht in der gehobenen

Laufbahn ... Im Ersten Weltkrieg war ich in der Türkei, in Konstantinopel habe ich gearbeitet. Soldat mußten alle werden, und als gewöhnlicher Soldat mußte man zwei Jahre dienen, und das gefiel meinen Eltern nicht und mir auch nicht. Ich hatte, ehrlich gesagt, keine Lust. Da habe ich mich absetzen können, denn man hatte den Eltern und mir gesagt, wenn sie das nicht wollen, haben wir eine andere Tätigkeit, die damit zusammenhängt. Und so habe ich für die Deutsche Post in der Türkei gearbeitet.

Ich war auch in Mosul. Weil ich mehrere Sprachen sprach, wurde ich dorthin versetzt. Wo Mosul überhaupt liegt, habe ich mir erst einmal erzählen lassen müssen. Ich wußte nicht, daß es in Kleinasien liegt. Und dort habe ich dann eine Dienststelle bearbeitet, als Zivilist, mit zwei deutschen Damen, für die Deutsche Post war ich dort.

Ich war immer sprachbegabt. Wenn Sie mich fragen, was ich spreche, fange ich mit Plattdeutsch an! Dann Hochdeutsch, Französisch, Englisch, Türkisch und Arabisch. Diese Sprachen spreche ich alle gut. Und das Arabisch brauchte ich auch, weil ich dort unten tätig sein wollte. Ich mußte ja Arabisch sprechen, einen Dolmetscher hatte ich nicht, nein. Ich sprach nur Arabisch.

Mit dem Schiff, über Spanien, bin ich damals dort hingekommen. Das Reisen war gar nicht so beschwerlich. Nein. Damals ging alles glatt, heute ist, glaube ich, manches schwierig. Es ging früher ohne weiteres.

Die Sprachen habe ich zum Teil schon zu Hause gelernt. Das hat mir immer Freude gemacht und ging ganz von selbst. Meine Grammatik habe ich immer noch im Hause. Das einzige, was ich nicht gelernt habe und heute sehr bedaure: Ich habe kein Latein gelernt.

In Altona gab es die sogenannte Mittelschule, das war keine Volksschule, auch keine Realschule, etwas dazwischen, und weil ich ja weiterwollte, kam ich noch ein Jahr auf die Realschule. Und von der Realschule bekam ich die Erlaubnis für das Einjährige, ich war ein Einjähriger, und die Einjährigen waren etwas Besonderes. Später mußte ich einmal mit anderen antreten, und die Person vorn rief: «Der Einjährige vortreten», nicht etwa «Sie» oder meinen Namen, nein. Sondern nur «der Einjährige». Also vorgetreten. Hände an die Hosennaht, Haltung annehmen ... ja.

Ich habe keine Angehörigen, meine Eltern sind natürlich verstorben, mein einziger Bruder auch, mit seiner Tochter habe ich noch Kontakt. Ich selbst habe keine Kinder. Verheiratet war ich, doch. Meine Frau ist auch schon lange tot. Kennengelernt habe ich sie in meinem eigenen Büro. Ich war Bürochef, und sie war «meine Angestellte», und später haben wir geheiratet. Ob es Liebe auf den ersten Blick war? Na ... ja, ja, na ja, wir paßten zusammen.

Mein Schwiegervater war Kapitän und ist um die ganze Welt gefahren, er konnte viel erzählen, in welchen Ländern er überall war, und durch ihn hatte ich auch allerhand Unterlagen und Informationen über viele fremde Länder. Durch ihn habe ich auch meine Liebe zur Seefahrt entwickelt. Ich male und zeichne ein bißchen, gerne Schiffe.

Ich bin ja selbst nie zur See gefahren. Ich erinnere mich aber an einen Helgoland-Ausflug: Nach einer Seereise die Treppe herauf und dann einmal um Helgoland herum und wieder ab aufs Schiff. Viel gereist bin ich nicht, dazu bin ich irgendwie nicht mehr gekommen. Ich hatte meinen Garten an meinem Haus, und ich habe immer viel gelesen. Auch jetzt, mit den Augen geht es noch ganz gut. Ja, ich kann noch gut lesen, mit Brille geht es ja besser, aber ohne geht es auch. *Wilhelm Meisters Wanderjahre* von Goethe habe ich jetzt im Goethe-Jahr wieder hervorgeholt, die *Kleinen Geschichten aus dem Hause Habsburg* und *Die Weisheit großer Männer.*

Ich habe selbst auch einige Gedichte geschrieben, die liegen jetzt auf meinem Schreibtisch, das interessiert keinen Menschen mehr. Nein, auswendig kann ich leider keines.

Ich bin immer rege tätig. Besonders gesund gelebt habe ich nicht. Nein, normal, nicht extra viel Gemüse oder so. Ganz normal. Und sportlich war ich nur als junger Mann.

Geraucht habe ich immer gern, o ja. Und wenn mein Freund mich heute besuchen kommt, bringt er mir Zigaretten mit.

Früher habe ich auch kleine Zigarillos geraucht und zu Hause richtige Zigarren. Bei meinen Eltern zu Hause war es nicht üblich, Zigaretten zu rauchen, die Herren saßen und spielten Skat. Ich saß daneben, rauchte eine Zigarette, aber der Zigarettenrauch war unerwünscht. Es gab wohl Personal zu Hause, aber die Mutter kochte, natürlich. Die Hamburger Küche selbstverständlich.

Hamburger Aalsuppe! Oh, oh, das Beste, was es gibt!

Ich bin zufrieden mit meinem Leben, ja. Ich möchte jetzt mitunter Dinge tun, aber dann ... ich will mal etwas singen, aber ... in meinem Gehirn geht es nur so, die Melodie ist da, aber ...

Carl Bernnegger stimmt kräftig einen Ton an.

Ich habe den Zweiten Weltkrieg in Hamburg erlebt, die Bombennächte. Selbst sind wir nicht ausgebombt, aber es genügt, was man erlebt hat und …

Carl Bernnegger schüttelt nur den Kopf. Ich habe mich nie für Politik interessiert.

Wir schweigen. Nach einer Weile greift Carl Bernnegger in seine Jackettasche und holt eine Pappschachtel heraus. Er drückt sie mir in die Hand. «Nähzeug» steht in schwarzen Buchstaben auf dem abgegriffenen Deckel. Ich mache den Deckel auf, und Fäden und Nadeln kommen zum Vorschein – und ein Knopf. Wortlos zeigt Carl Bernnegger mir, wo der Knopf an der grauen Weste fehlt. Ich nähe ihn an und erhalte den Dank am nächsten Tag am Telefon. Ob ich noch einmal kommen könnte, er habe einen Text wiedergefunden, der für ihn sehr wichtig sei. Auf einem kleinen Zettel stehen handgeschrieben folgende Zeilen:

Verse fielen mir ein, und ich sagte im Gehen leise vor mich hin:

«Seltsam, im Nebel zu wandern!
Einsam ist jeder Busch und Stein.
Kein Baum sieht den andern,
Jeder ist allein.

Voll von Freunden war mir die Welt,
Als noch mein Leben licht war;
Nun, da der Nebel fällt,
Ist keiner mehr sichtbar.

Wahrlich, keiner ist weise,
Der nicht das Dunkel kennt,
Das unentrinnbar und leise
Von allen ihn trennt.

Seltsam, im Nebel zu wandern!
Leben ist Einsamkeit.
Keiner kennt den andern,
Jeder ist allein.»

Im Nebel von Hermann Hesse

«Und so geht es fort in den Geschlechtern: Die Hoffnung wächst mit jedem Menschen auf, aber keiner denkt daran, daß er mit jedem Bissen seinem Kinde zugleich auch ein Stück des eigenen Lebens hingibt, das von demselben bald nicht mehr zu lösen ist.» Auszug Th. Storm

Carsten Curator

Gudrun Reher

Von wegen «Einen alten Baum soll man nicht verpflanzen»!

Gertrud Pötzsch

Jahrgang 1898

Ich habe fünf Schwestern. Die Anni, die war ein sehr kluges Mädchen. Sie war die Älteste und sehr sprachbegabt: Die Mutter wunderte sich und Anni sagte nur: «Mutter, ich habe ja schon früher studiert.» Die Bücher lagen auf dem Tisch, sie hat sich vieles allein beigebracht. Und während ich sehr für das Französische schwärmte, lernte sie und sprach auf einmal Französisch. So klug war dat Mädel.

Selbstverständlich hat sie gleich eine Stellung bekommen, auch weil sie so gut reden konnte, hat gleich Geld verdient. Mutter war so froh, daß die Älteste früh eigenes Geld nach Hause brachte. So konnten wir endlich Dinge bezahlen, die wir zuvor uns nicht leisteten. Uns ging es nach dem Tod des Vaters nicht gut. Und so hat Anni dafür gesorgt, daß wir besser leben konnten. Ein kluges Mädchen.

Die Hedwig war die zweite, die war ein bißchen kränklich und ist auch bald gestorben. Und ich bin die dritte. Auch ich wollte immer lernen. Und wer hat mir das verboten? Die Mutter. «Nun höre endlich mit der Lernerei auf!», und ich sagte: «Aber Mutti, das ist doch etwas Wichtiges. Wir müssen doch wissen, was auf der Welt los ist.» – «Du doch nicht!» Auf mein «Warum» habe ich nie eine Antwort erhalten.

Einen richtigen Beruf habe ich nicht erlernt. Stenographie und Schreibmaschine lernte ich, ja, ich bin dann auch tätig gewesen, zur vollen Zufriedenheit. Es hieß, die Klugheit läge wohl in der Familie. Aber mein Vater sagte, so richtig berlinerisch: «Nee, ick bin nich klug.» Und da haben alle gelacht ... ick bin nich klug ... und will es auch gar nicht sein. Das war mein Vater. Aber ich war ehrgeizig.

Mein Vater war Konditor. In Berlin-Friedenau. Nicht Kaffeetrinken, nur ein Geschäft haben wir gehabt. Gut verdient, die Leute sind alle gern zu uns gekommen, da der Vater sehr drollig und lustig war. Der konnte so gut singen, oh, hat der eine Stimme gehabt. Und da haben die Leute immer gesagt: «Bitte, wir wollen nur ein Lied von Ihnen hören.» Sie haben sich in die Ecke gesetzt und zugehört. Der konnte aber singen! Mehrere Lieder sang er dann. Wunderbar. Die Leute sind vor dem Geschäft stehengeblieben.

Ob ich im Geschäft mithalf? Nein, nein, ich durfte gar nichts machen, nein, nein. Nur meine Mutter. Ich war ja auch noch klein. Angestellte hatten wir nicht. Nein, die Eltern haben ja ganz klein angefangen. Kennen Sie denn Berlin überhaupt, Berlin-Friedenau?

Es waren doch alles Leute, die ganz einfach waren, und alle hatten nicht viel Geld. Es ist ganz einfach gewesen bei uns, einfach zugegangen, und wir haben uns über Kleinigkeiten gefreut, wat es heute nich mehr gibt. Und gedankt, wenn uns jemand etwas geschenkt hat, weil wir so gut und so fröhlich waren und gut gesungen haben, schon als Kinder. Wir haben von den Kunden häufig etwas geschenkt bekommen. Und Mutter hat sich gefreut. Ja, eine Wohnung in der Odenwaldstraße hatten wir, eine kleine Wohnung ...

Die Schularbeiten machten wir zusammen in einem Zimmer. Auf dem Tisch stand eine große Lampe, eine sogenannte Salonlampe. Und einmal, als wir tobten, fiel sie herunter und ging kaputt. Aber irgendwie konnte sie repariert werden, heute hat die meine Tochter. Unter dem Laden hatte der Vater die Backstube, und ich bin häufig runtergelaufen, weil es dort so schön roch. Nach Brot und Kuchen. Mein Lieblingskuchen war Kranzkuchen, Käsekuchen ... ach, mehrere Sorten, ich habe alle gern gegessen. Was mein Vater gemacht hat, hat alles geschmeckt. Wenn ich woanders hingefahren bin, hat mir alles nicht so geschmeckt. Vater konnte es. Vater hat auch gut gekocht und alles mit guter Butter gemacht. Und nicht gekratzt, sondern alles sehr reichlich. Und dann starb Vater, sehr jung mit 38 Jahren, und die Mutter saß mit fünf Kindern da. Das Geschäft mußte verkauft werden. Die Mutter hatte natürlich keinen Beruf erlernt, eigentlich hatte sie auf ein kleines Vermögen aus einem Kaffeehaus in Stralsund an der Ostsee gehofft, aber ihre eigenen Eltern waren damit Pleite gegangen, und so war nichts vorhanden. Wir waren alle noch nicht aus der Schule. Wir hatten kein Geld, es gab keine Unterstützung, sie mußte sich und uns durchbringen. Mit Krawattennähen hat meine Mutter dann die Familie ernährt, und wir alle halfen. Ich mußte die großen Kartons häufig ausliefern und war doch selbst so eene kleene Krucke. Ich bin liefern gegangen, und einmal hatte ich die Haltestelle verpaßt und bin aus der fahrenden Straßenbahn gesprungen. Du mußt ja hier aussteigen, denk ich noch, spring mal schnell ab. Und da lag ick im Dreck, im Matsch! Und so bin ick liefern ...

Zur Schule gegangen? Na, bis ich eingesegnet wurde. Ist das alles so wichtig?

Man verändert sich immer im Alter, das ist doch klar! Man macht doch das nicht, was man als Kind gemacht hat, sondern man ist eine Dame geworden. Nachher. Ich überhaupt!

Wie Berlin damals war, und ob ich am Wochenende ausgegangen bin? Nein, dazu hatte ich gar kein Geld und wollte auch gar nicht, ich habe nur Interesse gehabt, vorwärts zu kommen und zu lernen. Lernen wollte ich unbedingt. Ich wollte etwas Großes werden. Und ich bin auch groß geworden. Mich wollte jeder haben. Doch tanzen waren wir auch, meinen Mann habe ich auch in der Tanzschule kennengelernt. Und er war sehr fürs Ausgehen.

Ich habe Glück gehabt, mein Mann war Diplomkaufmann, hatte Betriebswirtschaft studiert und war dann in einem großen Konzern tätig. Uns ging es dann gut, 1926 machten wir die erste Auslandsreise. Gerade verheiratet sind wir viel gereist. Nach Italien, in die Schweiz, nach Griechenland und Jugoslawien, auf den Balkan. Mein Mann reiste gern, lief Ski, spielte Tennis. Als dann die Tochter geboren wurde, sind wir sehr viel gewandert. Meine Tochter konnte manchmal nicht laufen, hat geweint: «Ich kann nicht mehr.» Ach das arme Mädchen.

Die Tochter, Jahrgang 1928, besucht die Mutter fast täglich, auch an diesem Tag ist sie anwesend.

Ich bekam noch zwei Kinder, eine Tochter und einen Sohn. Aber sie starben gleich als Babies, sogenannte Blaue

Babies, so sagte man damals. Ich bin Rhesusfaktor negativ, mein Mann positiv. Das kannte man damals noch nicht. Das Älteste, nur unsere Erstgeborene hatte eine Chance, am Leben zu bleiben. Heute ist das kein Problem mehr, aber damals war das ein großes Problem. Viele Kinder starben. Ich kann mich noch entsinnen, als mein Mann erstmals darüber in der Zeitung las. Er hatte in seiner Trauer und Wut nämlich die Ärzte beschuldigt, daß sie bei den Geburten etwas falsch gemacht hätten. Erst kurz nach dem Zweiten Weltkrieg, glaube ich, wurde das Problem von den Medizinern erkannt.

Als ich neunzig war, verstarb mein Ehemann. Bis fünfundneunzig habe ich allein meinen Haushalt in Berlin geführt. Jetzt wohne ich hier in der Nähe meiner Tochter Marianne. Sie hat mich mit dieser Wohnung überrascht, alles hier für mich mit meinen Sachen eingerichtet. Das will ich jetzt noch etwas genießen. Ein Umzug von dreihundert Kilometern mit fünfundneunzig Jahren! Von wegen «Einen alten Baum soll man nicht verpflanzen»!

Na, selbstverständlich bin ick zufrieden mit meinem Leben. Wollen Sie noch mehr wissen? Ich weiß auch nicht, warum Sie das alles wissen wollen. Ist es etwas Besonderes, hundert Jahre alt zu werden?

Gudrun Reher

Husch die Lerche – vorbei!

Frieda von Bremen, geborene Lust

Jahrgang 1891

In Hamburg bin ich aufgewachsen, in Hamburg-Borgfelde geboren, 1891, ja. Eine lange Zeit, ich habe so viel erlebt, aber ich muß auch sagen, vieles ist an mir auch vorübergegangen, husch die Lerche – vorbei! Nicht oberflächlich, nein, aber im Rückblick erscheint einiges flüchtig gewesen zu sein. Jetzt will der linke Arm nicht mehr so, und ich bin eigentlich viel allein; gut, ein-, zweimal kommt Besuch die Woche, aber …

Ich habe drei Töchter: Irma-Luise, Ilse-Carla und Lisa-Lore, drei schöne Töchter, geboren 1912, 1919 und 1921. Schön und sehr begabt. Wir halten auch immer noch fest zusammen, aber wir sind trotzdem weit auseinander, so kann ich es vielleicht am besten sagen, jede hat ihr eigenes Leben. Das ist eben so. Na ja, wir müssen sehen, daß wir … bei mir ist es nun so: Mich holt hoffentlich bald der liebe Gott. Ich bin 107 Jahre, fast 108, länger kann ich nicht mehr, ich mag auch nicht mehr.

Und was es sonst noch gibt?

Das hier auf dem Foto ist mein Mann, er war und ist eigentlich immer noch ganz wichtig für mich. Ich habe eine gute Ehe geführt und, na ja, vor allem ich brauche auch heute nur mit meinem Mann, mit seinem Bild zu reden. Ich gucke ihn an, sage, Papa, was meinst du dazu? Und dann weiß ich ... ich kenne seine Einstellung, und das war für mich schon eine Art Klärung der Fragen, der Zweifel. Ich weiß nicht, ob Sie das verstehen, aber ich bin immer im Gespräch geblieben mit meinem Mann. Immer, immer. Wir waren nie weit auseinander. Ja. Wir haben immer Kontakt miteinander gehabt, und das war schön. Wenn ich auf das Foto guckte, na, Papa, ich brauchte nur zu sagen ... er ist ja schon lange tot, aber wenn ich das Bild sehe, na, Papa, wie schaut es aus? Dann regelt sich schon etwas. Ich war sehr jung, als ich meinen Mann kennenlernte. Lehrerin wollte ich werden und war auf dem Pädagogischen Seminar, nicht lange, er kam dazwischen. Achtzehn Jahre alt war ich bei der Hochzeit und er siebzehn Jahre älter, intelligent, gebildet. Kam aus einer sehr guten Kieler Familie, vielleicht ein bißchen zu reich, zu snobistisch, zu verwöhnt, aber das war mir damals nicht so klar. Die Familie von Bremen hatte in Kiel lange vor dem Ersten Weltkrieg eine Firma, Taucherausrüstungen, auch irgend etwas mit der damals neuen Elektrik, vielleicht auch Patente, ich weiß nicht. Jedenfalls war die Familienfirma von Siemens übernommen, und alle waren abgefunden, ausgezahlt worden. Mein Mann bekam eine Lebensstellung, aber im Kaufmännischen. Ich selbst war aus kleinen Verhältnissen. Ja, ich bin nie anerkannt worden in der Familie, mein Mann hat wohl unter seinem Stand geheiratet, und wir hatten eigentlich nie Kontakt zu der Familie. Jedenfalls sehr selten. Mein Mann schöpfte immer aus dem Vollen, er war es so gewohnt, und ich hielt alles zusammen. Wir waren nicht reich, aber ich kann wohl sagen, daß ich Talent hatte und immer Geld da war. Unsere Mädchen konnten wir auf die Privatschule schikken, und wir hatten ein Klavier daheim, wohnten auf der Etage in einem Mietshaus. Mein Mann verwaltete die Häuserreihe nebenbei, ein Zubrot. Und ich konnte sehr gut nähen, da kam mir eine reiche Tante, die immerzu neue Kleidung kaufte und die abgelegten uns gab, sehr zugute. Sie war groß, und ich konnte für die Mädchen aus einem Teil gleich mehrere Sachen schneidern.

Ich habe mich eben angepaßt, und dann klappte auch alles, und weil alles klappte, war auch alles in Ordnung. Das ist es eben. Man muß nicht immer auf irgendwas warten, man muß auch mal selbst darin rumtappen und sich selbst das Beste hervorsuchen. Das war es eben, das konnte ich, und darin war ich sehr großzügig. Ich habe gar nicht so viel auf andere Menschen geachtet, ich kam auch gar nicht so viel mit Menschen zusammen, jedenfalls nicht mit der Familie meines Mannes, wir waren zu weit auseinander. Meine Familie stammt aus Süddeutschland, Württemberg. Gell, mei Vader wa 'ne Schwab ... ich bin eine Geborene Lust. L-u-s-t. Ein süddeutscher Name ... gell, mei Vader war ... und schwäbisch sprech ich und sparsam dazu. Ja, also, für Verschwendung war ich überhaupt nicht. Da wurde das und dies gebraucht, ich horchte dann immer auf, sagte: «Kinder wartet ab. Springt nicht gleich drauf los. Abwarten und Tee trinken.» Ist besser, und komischerweise, sie horchten immer auf. Ich wunderte mich manchmal selbst, weil ich doch so jung war.

Aber mein Mann war der Familienvorstand, daran bestand gar kein Zweifel, und wenn die Mädchen kamen mit ihren Schulaufgaben oder mit den Vokabeln, da sagte ich nur: «Zeigt es dem Vater, der Vater hört euch ab, tragt es dem Vater vor.» Und er war streng, mochte es gar nicht, wenn die Mädchen nicht richtig gelernt hatten. Wir erzogen sie sehr fromm, im christlichen Glauben. Es wurde ein Tischgebet gesprochen, und am Sonntag gingen sie in den Kindergottesdienst in die alte Hammer Kirche, sie ist in den Bombennächten auf Hamburg 1943 zerstört worden. Die Mädchen wären sicher lieber ins Kino gegangen, wie ihre Freunde zum Teil, aber das gab es bei uns nicht. Bei uns zu Hause wurde viel gesungen, wir saßen auch zusammen und machten Handarbeiten und Spiele, und stolz waren wir auf unser Radio, ein Radio hatten wir immer, zuerst ohne Lautsprecher mit Kopfhörern. Am Sonntag und in den Ferien machten wir Ausflüge mit der Eisenbahn in die Umgebung, verreist, in den Urlaub gefahren sind wir nicht, dazu reichte das Geld nicht.

An meine eigene Kindheit habe ich eigentlich gar keine Erinnerungen. Meine Kindheit? Es ist ziemlich husch an mir vorübergegangen, ich hatte zwei Brüder, aber ich glaube, ich bin viel allein gewesen … Mein Vater war ein großer Lederfritze. Er hat Leder eingeführt. Nein. Jetzt verwechsle ich etwas, mein Vater ist sehr früh verstorben. Wie das Leben eben so an einem vorübergeht.

Ich habe mich nie abhängig gefühlt. Nie. Ich habe das Geld verwaltet, und das konnte ich. Es war immer dann etwas da, wenn ich etwas brauchte. Ich habe eigentlich mein eigenes Leben geführt. Für Jahrzehnte hatte ich zwei gute Freundinnen, wir gingen zusammen schwimmen. Auch mit den Kindern, ins Horner Moor oder am

Anfang auch noch in die Alster, ins Bad «Alsterlust», richtige Wasserratten waren wir.

Politisch waren wir nicht, aber dann mit Hitler und seiner NSDAP änderte sich auch bei uns das Leben. Die Töchter wollten zum Jungvolk und zum BDM, zum Bund Deutscher Mädchen, und vor den Wahlen hängten sie mit ihren Freunden auf der einen Seite unseres Balkons die Hakenkreuzfahne auf. Mein Mann nahm die andere Seite und steckte die alte schwarz-weiß-rote Fahne des Deutschen Reiches in die Befestigung, er sagte dann streng zu den Kindern: «Nimm das weg da», und zeigte auf die Hakenkreuzfahne, aber sie blieb hängen, wie seine auch. Und so war es in unserer Straße in vielen Familien, beide Fahnen hingen am Balkon.

Mein Mann starb bei den Bombenangriffen 1943, unsere Töchter waren schon aus dem Haus, ich war zu dieser Zeit nicht in Hamburg. Mein Mann war schon pensioniert und weigerte sich, in den Luftschutzkeller zu gehen. Die ganze Häuserzeile war weg, dieser Teil von Hamburg war besonders schlimm getroffen.

Ich habe allein wieder neu anfangen müssen, zuerst hatte ich ein kleines Zimmer, später bekam ich eine Wohnung.

Jetzt bin ich so weit, daß ich mich ausruhen möchte. Ich mag nicht mehr. Ich passe mich jetzt an, und das mit Recht, wollen mal abwarten, was nun dieser Sommer bringt.

Ich schwatze nicht gern aus dem Stegreif heraus, da liegt immer nicht viel Nahrung drin.

Habe ich einen Ratschlag, wie man so alt werden kann, mit so einem klaren Verstand? Darüber habe ich mich selbst manchmal gewundert. Daß ich das alles so überstanden habe. Und wie dünn ich geworden bin. Aber vielleicht ist es das? Ich nahm sehr ab, und da war auch im ganzen ein Stillstand bei mir, so daß jeder, der mich schätzte, mich auch schonte. Ich wurde nicht überstrapaziert. Sportlich war ich immer, Fleisch gab es wenig, Gemüse viel, wir hatten unten im Keller einen Gemüseladen, das war sehr günstig.

Was mir immer wichtig war, das waren schöne Dinge. Die Dinge, die mich umgaben, mußten ästhetisch sein. Ich habe immer Berührungspunkte mit schönen Dingen gesucht, im Alltag, die man brauchen konnte, ja, und das war eben auch sehr viel wert. Kein Tand, das war alles gute Arbeit. Zum Beispiel die weiße, weiche Wolldecke dort auf meinem Bett, die ist mir richtig ans Herz gewachsen. Und: Im großen und ganzen … unglücklich war ich nie.

Die älteste Hamburgerin will jetzt auch nicht mehr reden, müde sei sie, aber die Frage, wodurch sich die Hanseatin auszeichnet, bekomme ich noch beantwortet:

«Daß sie geben kann. Denn dann kann man auch nehmen. Und wenn man nehmen kann, dann kann man auch geben.»

Gudrun Reher

Ich bin ein dralles Kind, so wie die Bauernmädels sind!

Thea Jensen

Jahrgang 1898

Thea Jensen wohnt in ihrem eigenen Haus in Neustadt an der Ostsee. Sie ist zusammen mit dem Haus altgeworden, versorgt sich noch weitgehend allein. Für das Einkaufen gibt es eine Hilfe, das Essen wird gebracht, und regelmäßig schaut der Neffe Ferdinand vorbei.

Oh, ja. Ich komme vom Lande. Ich bin ein dralles Kind, so wie die Bauernmädels sind. So hieß es früher. Wir hatten eine Mühle. Dort an der Wand, auf dem Foto, das ist das Elternhaus … Ja, das ist meine Heimat.

Ich bin am 10. Juli 1898 geboren … das ist schon eine ganze Zeit her, aber ich bin ganz wohl und munter, kann ich nicht anders sagen. Nur, ich höre sehr schlecht, ich versuche es jetzt mit dem Hörgerät. Was sagt mein Neffe? Eine schöne Aussicht? Die schönste Aussicht, den weitesten Blick habe ich von der Veranda hier, bis hin zum Bunsberg, dem höchsten Berg von Schleswig-Holstein. Und das schöne blaue Wasser da unten, ja, das ist das Neustädter Binnenwasser. Die Neustädter Bucht liegt zur anderen Seite hin. Aber das erinnert mich eigentlich immer nur an meine Heimat Friedrichstal, oben in Angeln, direkt an der Flensburger Außenförde. Bei guter Sicht konnten wir Sønderborg und Broager sehen, das ist ja weit weg, drüben in Dänemark. Ich denke doch immer viel daran, wenn ich hier sitze und auf das Wasser da unten sehe.

Mein Vater war Müller in Friedrichstal, Gemeinde Quern. Der Ort hat seinen Namen nach dem Herzog Friedrich aus der Glücksburger Linie. Noch heute steht das Herrenhaus, das die Dorfleute Jagdschloß nennen, weil die Gutsherrschaften ja über Jahrhunderte allein das Jagdrecht hatten. Ein Löwenkopf hing an der Tür, richtig schwer aus Messing, als Türklopfer zu benutzen, und wir Kinder lernten den Spruch des Hauses auswendig:

1750
Bin ich Erbauet
durch
Herzog Friderich
Friderichs Dahl
Heis ich
Gott Segen und Regier
all die Hier
halten quatir.

Dort in Friedrichstal ist meine Heimat, heute wohnt mein Neffe Ferdinand dort. Bei uns wurde das Korn der umliegenden Höfe gemahlen. Gerste, Weizen, Hafer, alles. Eine Windmühle ist das gewesen, aber die ist eines Tages …

Wir saßen am Tisch zusammen, ich glaube es war Mittags, da kam unser Nachbar herein und sagte: «Fetnam, dien Möhl is wech.» Wir stürzten alle hinaus. Es war ein Wirbelwind, so ein hüpfender Wirbelwind. Die Flügel wärn wech, ja die ganze Kappe war runtergeklappt. Fiete Clausen war das, der Nachbar: «Fetnam, dien Möhl is wech.» Die ganze Kappe war rüber, das vergißt man nicht. Zum Glück waren keine Fuhrwerke da, Pferde und so etwas, das ist schon viel wert, und wir saßen ja alle beim Mittag.

In der Chronik der Kirchspiele Quern und Neukirchen ist nachzulesen, daß 1923 die Flügel und die Kappe der Windmühle durch eine Windhose abgehoben und zerstört wurden.

Die Mühle ist dann provisorisch wiederaufgebaut worden, aber das hatte keinen Zweck mehr, nicht viel Sinn. Vater wurde sowieso immer älter. Er hatte die Mühlenstelle in meinem Geburtsjahr 1898 für 15 600 Mark gekauft, da war er dreißig Jahre alt, und er gab die Mühle 1929 an meinen Bruder Diedrich. Sie wurde dann mit einem Motor betrieben und verfiel äußerlich wegen der hohen Reparaturkosten. Aus dem Zweiten Weltkrieg kam Diedrich nicht wieder, seit März 1945 vermißt. Zwei Jahre später machte eine weitere Windhose die Mühle zum Wrack.

Mit drei Geschwistern bin ich großgeworden. Ja, drei Brüder hatte ich: Friedrich, Diedrich und Willy. Ich war die Älteste, sehen Sie die Fotos. Die Brüder alle gleich angezogen, mit Matrosenkragen und großen Schleifen, die Haare ganz kurz geschoren, ich mit langen blonden Locken.

Friedrich, wir nannten ihn Fritz, ist ganz jung gestorben, an Tuberkulose. Wir glaubten damals, daß er sich auf dem Brarup'-Markt, einem beliebten Volksfest, angesteckt hat, dem Süderbraruper-Markt. Das Jahr über freuten wir uns auf den Markt, und dann wurde er krank. Vielleicht hat er sich bei den Kirmesleuten angesteckt, die zogen ja von Ort zu Ort. Damals starben noch viele Leute an dieser Lungenkrankheit, Schwindsucht hieß sie volkstümlich. Antibiotika wie heute gab es gar nicht. Im April 1922 verstarb er, noch nicht zwanzig Jahre alt. Willy, der Jüngste, der Vater vom Neffen Ferdinand, ist im Zweiten Weltkrieg im September 1944 noch eingezogen worden und gefallen. Diedrich blieb vermißt … ja, alle drei Brüder.

Thea Jensen versucht, ihr Hörgerät anders einzustellen.

Das tut mir selber nun ganz furchtbar leid, die Dinger … ich lege sie weg, vielleicht ohne Hörgerät, wolln wir mal sehen, ob dat bäder geit?

Wenn wi mal erstmal wat schnacken, was wolln Sie denn wissen? Etwas aus meinem Leben? Aus meinem Leben, ja. Daß ich geboren bin, das läßt sich ja nicht leugnen, sonst wär ich ja nicht hier.

Zur Schule gegangen bin ich in Kalleby, bei Lehrer Keibel. Und Lehrer Keibel war ein ganz tüchtiger Lehrer. Denn wi in de Kallebyer School warn bäder wie die Querner. Ganz sicher! Und die hatten zwei Lehrer und eine Lehrerin … oh, ich versuche es doch noch mal mit dem Hörgerät. Ich fühle mich so dumm, man sagt etwas, und das ist gar nicht richtig, nur weil man nicht verstanden hat, was der andere gesagt hat. Das ist gar nicht so einfach mit dem Älterwerden. Mitunter schreibt mir mein Neffe auch etwas auf, dann kann ich es lesen.

Wir sind ja auch fotografiert worden in der Schule, alle zusammen. Leider Gottes habe ich die Bilder nicht mehr. Wir saßen alle in einem Raum, aber das waren verschiedene Abteilungen. Und wir vier größten Mädchen mußten abwechselnd bei den Kleinen unterrichten. Es gab die große Seite und die kleine Seite.

1912 bin ich konfirmiert worden, 1914 kam ich in Stellung. Durch meine Cousine Magda aus Schricksdorf, die war in Köhnholz in Stellung, und sie sorgte dafür, daß ich nach ihr zu den Schumanns kam. Köhnholz liegt gut acht Kilometer von meinem Elternhaus fort. Und das war ein großes, ein sehr großes Bauernhaus. Ein Jahr war ich da, das war ja immer nur ein Jahr. Nein, ein Häubchen oder eine Tracht mußten wir nicht tragen, wir hatten alles so an, was ... wat modern wär gerade.

Ach, ick bin ut de goode Gegend, ick bin ut de goode Gegend, wo de grooden gele Geoginen so gresig gut gedeih'n, und de Gärtner se mit de grooden gele Kann begät ...

Das kann man kaum auf Hochdeutsch sagen, die Angeliter sprechen das so! Geogiehen, das ist eine Dahlienart, die stand früher bei uns in jedem Garten.

Meinen Mann habe ich viel später kennengelernt, nach dem Ersten Weltkrieg. Ich weiß es noch wie heute, ich stand in der Waschküche, und da sah ich ... und das konnte man wirklich sehen, daß der aus dem Krieg kam. Der hatte alles tiptop neu. Alles in Braun, vielleicht eine gewendete Uniform, das weiß ich nicht mehr. Das wär Onkel Jul, alles war braun. Und so schöne, blanke lange Stäbel, ja das war Jul.

Mein Mann war eigentlich gelernter Maschinenschlosser, bei den Gebrüdern Claus in Flensburg hatte er gelernt. Dann kam aber die Elektrizität auf, und er hat diese Überlandleitungen gelegt. 1919 wurde der Landstrich

Angeln an die allgemeine elektrische Stromversorgung angeschlossen, überall entstanden Überlandzentralen. Als Monteur bei Siemens war er beschäftigt und Truppführer. Seine Eltern hatten damals in Flensburg die Marienhölzung, eine bekannte Gaststätte und ein Ausflugslokal. Er wohnte noch bei seinen Eltern und ist jeden Tag zu Fuß bis Langballig raus. Von Flensburg haben sie angefangen die Leitungen zu legen und raus nach Langballig, das sind bestimmt fünfzehn Kilometer. Mindestens zwei, drei Stunden hin zur Arbeit und nach der Arbeit wieder zurück. Später konnte er sich irgendwo ein Zimmer nehmen. Es gab zwar schon die Bahnverbindung Flensburg–Kappeln, ja, eine Kleinbahn, aber die hatte eine andere Route.

Geheiratet haben wir im Juli 1922 … Leider haben wir keine Kinder gekriegt. Mein Bruder Fritz war erst ein Vierteljahr tot, und deshalb sind wir so ernst auf unserem Hochzeitsbild, eigentlich sind Brautleute ja heiterer.

Mein Mann hat dann seinen Meister gemacht, und in Heide in Holstein ist er Werkslciter von den Stadtwerken geworden. Dort in Heide haben wir gelebt. Ja, in Heide mit dem großen, schönen Marktplatz. Sonnabends war dort immer Markt, alle Bauern aus der Umgebung verkauften ihre Sachen. In Heide haben wir auch unser Haus gebaut, zuerst wohnten wir in der Kirchenstraße 5 zur Miete, und inzwischen bauten wir unser Haus in der Vereinsstraße.

Das kommt mir ein bißchen komisch vor, daß ich solche Kleinigkeiten aus meinem Leben erzählen soll, aber … Wir hatten ein Mädchen aus Hamburg im Elternhaus in Stellung, und die konnte so sehr gut Strümpfe stopfen, ganz fein. Und so kam es, daß ich es auch gelernt habe. Ich konnte wirklich sehr gut Strümpfe stopfen. Und als wir in Heide waren während des Zweiten Weltkrieges, da sollten, mußten wir Frauen für die Wehrmachtssoldaten Strümpfe stopfen. Das waren böse Löcher, zum Teil riesig groß. Irgendwie fiel auf, daß ich das so sehr schön machte, so ganz genau. Ich bekam daraufhin eine neue Arbeit. Kapitäns-Schirmmützen sollte ich dann besticken, für die Marine. Ach ja.

Mein Mann wurde aus Krankheitsgründen vorzeitig pensioniert, und da haben wir das Haus in Heide verkauft und sind hier nach Neustadt gezogen. Hier mußten wir viel renovieren, aber mit dem Garten und dem schönen Blick, es war und ist schön. Die Neffen und Nichten waren häufig bei uns. Wir haben viel unternommen, Ausflüge gemacht. Mein Mann und ich hatten ein viel bewundertes Tandemfahrrad, weite Strecken haben wir zurückgelegt, auch den ganzen Nord-Ostsee-Kanal entlang. Hieß der damals nicht noch Kaiser-Wilhelm-Kanal?

Wir haben viel gesehen, unser Land hier oben im Norden ist wirklich schön. Wenn ich auf mein Leben zurückblicke, kann ich sagen, mir geht es heute wohl, und ich bin ganz zufrieden so, aver dat is alles oft gar nicht so licht.

Nach einem kurzen Moment des Schweigens strahlt Thea Jensen wieder, wir sehen uns noch einmal die alten Fotos an. Dann zeigt mir Thea Jensen ihr Schmuckstück, das mit Trauben und Weinlaub verzierte Vertiko, eine Schnitzarbeit ihres Großvaters, der Tischlermeister in Steinberg war.

Ja, früher hatten die Menschen noch Zeit, die Abende waren lang, und es gab weder Radio noch Fernsehen, und ein Buch war eine Kostbarkeit.

Gudrun Reher

Zurückgekommen ist er ja, aber frag nicht, wie ...

Martha Piehl

Jahrgang 1897

1918 bin ich nach Rahlstedt gekommen. Wir haben damals gebaut. Der Krieg war gerade zu Ende. Rahlstedt war ein sehr kleiner Ort, ein Kurort, ein regelrechter Kurort. Ob die Luft oder das Wasser so gut waren, weiß ich gar nicht, aber es war die vornehme Herrschaften-Gegend, hier standen damals schon wunderbare Villen. Es kam ganz plötzlich: Da ist es schön, da ziehen wir hin. Ja. Unsere Eltern wußten es zuerst noch gar nicht, und wir sagten, wir ziehen nach Rahlstedt, was meint ihr dazu? Na ja, und dann lief die Sache. Wir haben noch in Goldmark bezahlt.

Wir waren beide vom Elternhaus her finanziell nicht gut versorgt. Wir haben gearbeitet, bis wir soweit waren, Stück für Stück. Damals sagten alle zu meinem Mann: «Du bist wohl verrückt, du willst bauen?» Ja, wir wollen bauen, und wir haben gebaut. Das Haus steht heute noch. Das haben meine Enkelkinder übernommen, und die haben es inzwischen umgebaut, ja. Ach, Gott, das war eine schöne Zeit, wie wir wenig Geld hatten. Wir waren alle so zufrieden, wie es nur jemand sein konnte, und da ging es nicht, wer hat ein neues Auto, der hat das neu oder das, das müssen wir auch haben und wenn wir Schulden machen. Nein, das gab es gar nicht! Laßt sie doch machen, wenn nur das Geld in Ordnung ist, wir haben doch das und dies! Daß einer so etwas sagte, oder sich einer mit seinem Geld aufspielte, so etwas gab es gar nicht. Unsere Einstellung war: Wir dürfen keine Schulden machen und haben auch keine gemacht. Lieber haben wir verzichtet. Man ging nicht wie heute auf die Sparkasse und sagte: «So ich nehme jetzt so und so viel von der Sparkasse auf.» Das gab es nicht. Was wir nicht hatten, das hatten wir nicht. Und wir sind auch gut zurechtgekommen, ja.

Am Friedhof haben wir gebaut, dort stehen keine Villen, aber es ist eine schöne Straße. Auf dem Friedhof liegt der Dichter Detlev von Liliencron, der seine letzten Jahre hier in Rahlstedt verbrachte. Und er hat ein wunderschönes Grabmal, ein junges Mädchen steht hoch über dem Grab und streut Rosen, es ist wirklich sehenswert.

Der preußische Freiherr Detlev von Liliencron verstarb nach einem wechselvollen Leben im Alter von fünfundsechzig Jahren 1909 in Alt-Rahlstedt. Er war Landvogt auf der Insel Pellworm, Offizier in der preußischen Armee, lebte in Amerika, wo er seinen Lebensunterhalt als Sprachlehrer, Pianist, aber auch als Stallmeister verdiente. Er hinterließ ein umfangreiches Werk von Dramen, Romanen und Novellen. Die größte Bedeutung erlangte Liliencron als Dichter impressionistischer Natur- und Liebeslyrik.

Ja, da haben wir gewohnt, und dort habe ich geheiratet. Mein Mann, er war … in Ordnung, wir haben uns gut verstanden. Ich habe eine gute Ehe gehabt. Zuerst wohnte ich noch ein paar Straßen weiter, im Wittigstieg, und hatte einen Nachbarn Rasehorn, ich erinnere es noch genau.

Der lebte zusammen mit einer Frau, war aber nicht verheiratet. Und wie er wußte, daß ich wußte, daß er nicht verheiratet war, wurde das Verhältnis ganz schwierig. Er hatte Angst, daß ich ihn verrate, man durfte so nicht zusammenleben, sie hätten die Wohnung wohl auch nicht bekommen. Ich glaube, er war Akademiker, irgend so etwas.

Ich habe eine gute Kindheit gehabt, war gut aufgehoben. Wir waren zwei Mädels und vier Jungs zu Hause. Ich glaube, wir haben Dinge gespielt, die man heute auch noch spielt. Ganz verschiedene Sachen haben wir als Kinder gespielt, im Kreis haben wir Kräusel gespielt, und Messersteck hieß es, da mußte man einen bestimmten Punkt treffen.

Die Jungs, meine vier Brüder, sind alle Uhrmacher geworden. Der Onkel war schon Uhrmacher, und da wollten alle vier es auch werden. Alle hatten Geschäfte und Kinder, die auch wieder Uhrmacher wurden. Meine Schwester und ich sollten Schneiderin werden. Die Schwester wurde es auch, und ich lernte auch, aber meine Ausbilderin, die Direktrice starb, und da wurde das Lehrverhältnis aufgehoben. Dann bin ich in die Handelsschule gekommen. In eine Privatschule haben die Eltern mich gebracht, und ich habe das Kaufmännische gelernt. Selbstverständlich war das für ein Mädchen nicht, nein. Aber es klappte eigentlich in der Familie immer irgendwie alles. Wir haben nie Malaise gehabt. Ich bin dann auch berufstätig gewesen in der Buchhaltung. Bei Blohm und Voss im Hamburger Hafen bekam ich eine Stellung in der Kartothek der Unterseebootabteilung. Und da konnte man mir sagen, was man wollte, ich mußte nur hinlangen und wußte Bescheid. Im Verwaltungsgebäude gingen durch alle Stockwerke hindurch Lichthöfe, alles war großzügig. Wie lange ich dort war, ich weiß es nicht mehr. Jeden Tag bin ich mit dem Zug von Rahlstedt in die Stadt gefahren, dann mit der Hochbahn bis Landungsbrücken und dann zu Fuß durch den Elbtunnel, der ja gerade erst 1911 eingeweiht und eine große Sensation war. Frühmorgens mit den vielen Hafenarbeitern zusammen, vorbei an den schönen Majolika-Wandverkleidungen, und dann diese Morgenstimmung im Hafen, das war immer wieder etwas Besonderes, diese Stimmung hatte ich sehr gern.

Da gab es noch keine Autos für uns, das war doch etwas Neues. Wir sagten, oh, wir möchten auch einmal mit dem Auto fahren. Wann ich das erste Mal Auto gefahren bin? Oh, das kann ich gar nicht mehr wissen. Aber mein Schwager war beim Hamburger Retterchor, der gehörte früher zur Feuerwehr, die räumten nach einem Brand auf, und die habe ich immer beneidet, wie schön, daß die Auto fahren können ... und nachher war das alles gang und gäbe. Ich selbst wollte auch gern einen Führerschein machen, aber mein zukünftiger Mann wollte das damals nicht, alles war knapp, und da ist es nachgeblieben. Mein Mann war bei der Hamburg-Bremer-Feuerversicherung in der Buchhaltung, wir kamen also beide aus dem Kaufmännischen. Daß sich das auf die Ehe negativ ausgewirkt hat, Gott, nein. Das kann ich nicht sagen. Es ging alles so, das mußte so sein.

Mein Mann war im Ersten Weltkrieg, ja. Er kam zurück, aber ... die halbe Wade, alles weg. Und Finger waren weg ... und noch so allerlei ...

Da habe ich dann immer gedacht ... wieso? Wieso hat er ...? Aber ich habe nie gefragt, wir waren noch nicht verheiratet, warum hast du immer einen Handschuh an? Da waren die Finger weg, und der Handschuh war ausgestopft mit Watte ... ja, ich habe nie gefragt.

Mein Mann konnte nach dem Krieg weiter in der Buchhaltung arbeiten. Und dann kamen die zwanziger Jahre, es gab nichts, und dann die Inflation. Wir bekamen ja nicht mal einen Nagel ohne Berechtigung, ohne Gutschein, wie soll ich sagen. Wer Glück hatte, der konnte sich von hinten herum so ein bißchen gesundstoßen. Es gab ja alles nur auf Schein, und wer einen hatte, der hatte Glück, und wer nicht, der ging leer aus.

Und wie wir heirateten, da sagten unsere Bekannten, die einen kleinen Tante-Emma-Laden hatten: «Die sind noch so jung und wollen schon heiraten.» Wir waren dreiundzwanzig Jahre alt, mein Mann dreiundzwanzig und ich, und wir fanden das gar nicht so jung, nein. Das war damals das Alter, in dem man heiratete. Wie wir geheiratet haben, holten unsere Freunde altes Unkraut aus der Schuttkuhle und warfen es vor die Tür. Komisch, ich muß lachen, wenn ich daran denke. Es war lustig, man hat es wohl früher so gemacht.

Damals war die Zeit der Wandervögel, ja, das ist richtig, aber wir sind nicht gewandert, waren auch politisch nicht organisiert. Nein. Da hatten wir gar keine Zeit für. Wir mußten ja arbeiten.

Dann bekamen wir drei Kinder, zwei Jungs und ein Mädchen. Ach ja, es war eine schöne Zeit, wir haben nicht üppig gelebt, ganz einfach. Aber es war eine gute, harmonische Zeit.

Wir haben viel gesungen, wir hatten ein fröhliches Zuhause. Wenn einer nicht gesungen hat, dann der andere. Ich war lange im Gesangverein, über vierzig Jahre.

Schöne Sachen haben wir gesungen. Mitunter, wenn ich hier eine Freundin treffe, singen wir auch noch mal. Wir sagen dann, das war doch eine herrliche Zeit, die wir gehabt haben. Und wenn hier ein Anlaß zum Singen ist, singe ich mit. O Gott, nein, ganz und gar die Singstimme verlieren darf man nicht. Die anderen staunen, daß du noch so hochkommst mit deiner Stimme.

Jetzt, hier?! Ein Lied vorsingen? Nein, soweit kommt's. Das kommt gar nicht in Frage! Nein, ach, nein. Alles nicht so einfach, wenn man zweifach nimmt!

Wir waren ein gemischter Chor und sind auch mal zusammen fortgefahren und haben an einem anderen Ort gesungen, nach Bergstedt rauf. Eine schöne Zeit.

Bekannte von uns hatten ja den kleinen Emma-Laden, dort kauften wir fast alles ein. Das war so gang und gäbe. Und dann hatten wir immer gute Freunde. Einer, der unterhielt uns immer besonders gut und verstarb plötzlich, das hat uns schwer getroffen. Aber es läuft sich alles wieder zurecht.

Ach ja, ich kann sagen, die Jugend war schön, ich habe gute Freunde gehabt, eine gute Kindheit und eine gute Nachbarschaft, mit allem hatte ich Glück.

Wir haben, auch ich allein hab, alles, was irgendwie möglich war, was gesundheitlich ging, mitgemacht. Hier hinter mir an der Wand hängt ein Zettel vom Kegelclub «Die Fidelen Neun», dort bin ich zum Ehrenmitglied erhoben. Auch wenn wir hier vom Altenheim aus kegeln, bin ich jetzt auch noch dabei, ja klar.

Früher haben wir ja richtig gekegelt. Hier hatte fast jede Gastwirtschaft eine Kegelbahn, Westphal und Eggers, das ist jetzt ein großes Hotel. Heute ist es ja so, daß die Spieler die Kugel schmeißen, das ist nicht richtig. Da kann ich immer in die Wut kommen: Kegeln tut man auf der Erde und nicht in der Luft! Ich mag das nicht, das tut einem direkt weh, wenn die Kugeln so geschmissen werden, ich bin das nicht gewohnt. Wenn hier Kegeltag ist, freue ich mich, und ob ich auch noch alle Neune werfe? Das weiß man vorher nicht!

Hier hängt ein Familienfoto mit vielen Kindern, fünf Enkelkinder habe ich, und der Kleine dort, das ist Urenkel Johannes.

Und hier das Foto, das ist die alte Rahlstedter Kirche, die ist besonders alt, noch mit Felssteinen im Mauerwerk. Ich war kein Kirchengänger, ich hatte aber meine Natur, und die war mein Glaube. Indirekt sozusagen. Was nützt mir ein Kirchengänger, wenn ich mir alles anhöre, das Gesäusel, und kann da doch nichts an Dingen ändern, ich sag, die Natur, die Schöpfung ist meine Kirche gewesen. Was heißt das überhaupt, der Glaube? Und der Glaube hilft? Ich kann das nicht beurteilen, jedenfalls war ich zufrieden, war mit meiner Familie zufrieden, und … das half über manches hinweg …

Ich habe das ganze Jahrhundert miterlebt, aber leider, wenn man den Kindern und Enkeln etwas erzählen will, dann heißt es: «Ihr, früher!» Eigentlich will es niemand wissen, nein. Und wenn man sich selbst nicht mehr näher damit befaßt, vergißt man ja auch, und das ist schade.

Während des Zweiten Weltkrieges sind hier in Rahlstedt auch einige Bomben heruntergekommen. Wir saßen im Luftschutzkeller. Um 10 Uhr abends war sowieso Verdunkelung, dann mußte auch alles von der Straße und dann hörte man schon die Sirenen, die Bomber hatten sich schon wieder angemeldet. Runter in den Luftschutzkeller, hieß es dann. Das war eine schwere Zeit.

Ich bin immer in Rahlstedt geblieben, und ich würde auch nie … Na ja, ich bin ja soweit, daß ich nicht mehr rausgehe.

Meine Söhne mußten auch in den Krieg. Sie sind zurückgekommen. Aber frag mich nicht, wie …

Meinen Mann haben die Nazis ja noch rausgeschickt. Da lief der Eiter aus der Wade in den Stiefel rein und fror fest. Er wollte nicht, was die Nazis damals wollten. Und da haben sie ihm einen schwarzen Strich gegeben, den schwarzen Strich auf der Liste, das war ihr Zeichen. Der muß weg. Er wurde eingekleidet und mußte raus, der Arzt hat noch gesagt: «Was soll ich mit dem machen?» «Nichts», haben die anderen gesagt, «der steht auf der schwarzen Liste, der muß raus.» Zurückgekommen ist er ja, aber fragt nicht wie …

Man vergißt es, wenn es einem wieder besser geht … Wir wollten die Silberne Hochzeit feiern, aber er starb kurz vorher, ja. Durch die Nazis. Weil er nicht wollte, wie die wollten. Er stand ja auf der schwarzen Liste. Er hatte einen schwarzen Strich, weil … er war überhaupt nicht politisch, die wollten den Gernegroß spielen, von der Schreibstube haben sie ihn noch nach Rußland geschickt. Er ist wiedergekommen, ja, aber wie … ach Gott, ja, wir haben Zeiten durchgemacht …

Martha Piehl macht die Erinnerung an das Erlebte sprachlos.

Ich habe nach dem Tod meines Mannes keinen neuen Partner gesucht. Nein, nein ... Um Gottes willen, ich war mit einem zufrieden. Ich bin allein geblieben.

Ich wollte gar nicht so alt werden. Das war nicht mein Wunsch. «Um Gottes willen», habe ich gesagt «bloß nicht so alt werden.» Und wenn denn der Doktor kam, denn sagte ich: «Keine Verlängerungstabletten! Kommt gar nicht in Frage.»

Ich war mit meinem Arzt immer sehr zufrieden. Den habe ich heute auch noch, er kommt auch mal zu Besuch hierher. Meinen nächsten Geburtstag möchte ich gar nicht feiern. Um Gottes willen. Ich will ja gar nicht so alt werden. Was soll ich aber machen? Ich muß ja doch zufrieden damit sein. Wenn ich nun quake und klage, und jemanden hier was vorjammere, das hilft auch nicht. Oder ändert das was? So ist es.

Ich sage ja, habe eine gute Kindheit gehabt, eine gute Ehe, und nun muß ich mit dem Ende so auch zufrieden sein. Aber so alt wollt ich nicht werden. Ich hatte keine Vorstellung, aber auf jeden Fall nicht so alt! Ach, man hat kein Interesse mehr, das ganz große Interesse an vielen Sachen fehlt. Es geht heute alles so schnell, und das nehmen sie gar nicht mehr so schnell auf. Und dann schwindet das Interesse. Ich möchte ... ich möchte mit dem Leben abschließen, ja.

Wenn ich nicht ... ich habe schon so oft gedacht, wärst du nicht so feige, dann würd's du irgendwas ... nehmen. Aber ich bin zu feige, um ... und man will keinen schlechten Ruf nachlassen. Das wollte ich auch nicht, dann hätte es geheißen, was hat sie gemacht, weshalb hat die Mutter sich umgebracht oder so. Das wollte ich nicht. Da habe ich gedacht, nun laß laufen, wie es läuft. Ja, aber es ist nicht immer leicht.

Doch, ich mache wohl einen zufriedenen Eindruck, eigentlich. Ich muß ja auch zufrieden sein. Hier sind alle freundlich zu mir. So wie es in den Wald hineinruft, so ruft es wieder hinaus, heißt es doch. Ja. Ich mache auch immer mit, wenn etwas Fröhliches los ist, aber …

Gudrun Reher

Ich wollt', daß ein anständiger Mensch aus ihm wird

Elisabeth Rasckte-Reiß

Jahrgang 1892

Ich bin am 6. Juni 1892 in Olgashöh bei Stolp geboren. Stolp, dat war die Hauptstadt von Hinterpommern, Ost-Hinterpommern, und wenn wir groß eingekauft haben, sind wir immer nach Stolp. Ja, meine Tante wohnte dort, und wenn wir Ferien hatten, war ich immer bei ihr. Eine schöne Stadt und eine saubere Stadt, Stettin ein Mistbrocken dagegen. Stettin war keine schöne, saubere Stadt. Stolp an der Stolpe aber, eine Hansestadt, hatte eine alte Stadtbefestigung mit zwei Toren, schöne Kirchen und ein Schloß, eine wirklich schöne Stadt.

Meine Mutter ist früh gestorben und mein Vater war Schornsteinfeger, hat vier Gesellen gehabt, zwei große Häuser in Schiefelbein, hat Geld gehabt ... ist nicht gelogen. Könn sich erkundigen.

Ich weiß nicht, ob er Meister war, ich lebte in Odermünde und er in Schiefelbein, das war ein ganzes Ende auseinander. Ich bin nicht beim Vater großgeworden, die Mutter war ja früh verstorben, und ich bin bei meiner Großmutter und bei meiner Tante aufgewachsen. Wie ich zwölf Jahre alt war, ist Großmutter gestorben, sie wurde am Heiligen Abend beerdigt. Und dann kam ich zu meiner Tante, Mutters Schwester, Tante Emma. Hab's aber sehr gut gehabt. Hab gleich in der Fabrik angefangen, kam aus der Schule. Und die nächste Woche habe ich gleich angefangen, und wat denken Sie, ich werde das nie vergessen, wie ich das erste Geld bekommen habe. Da habe ich das Geld auf den Tisch gelegt und gesagt: «Gott sei Dank, jetzt brauchst du nicht mehr das Gnadenbrot essen.» Das waren meine Gedanken, ich hab's für mich allein gesagt: «Gott sei Dank, nun brauchst du nicht das Gnadenbrot essen.» Ich habe mein Geld selber verdient. Bis zum sechzehnten Jahr habe ich alles abgegeben, ich bekam ein Taschengeld, und dann hab ich Kostgeld abgegeben.

Ob ich eine gute Schule besuchen konnte? Nein, habe ich nicht, ich habe nur die gewöhnliche Schule besucht.

Ich war noch keine vierzehn, als ich aus der Schule kam, und unter vierzehn Jahren wurde keiner eingestellt. Da habe ich bei meinem Onkel so viel gebettelt: «Onkel Hermann, geh doch, ich will arbeiten.» Und er ist zum Bürgermeister gegangen, und der mußte erst die Erlaubnis geben, daß ich arbeiten konnte. Und ich war noch nicht vierzehn Jahre, da habe ich in der Fabrik gearbeitet. Und, ich sage noch einmal, es war für mich so wichtig, wie ich das erste Geld auf den Tisch gelegt habe: «Jetzt brauchst du kein Gnadenbrot mehr zu essen.»

Es war eine Papierfabrik, richtiges Papier wurde dort gemacht, ich mußte Papier sortieren, und – das kann ich jetzt nicht so vormachen – aufdrehen haben wir dat genannt. Die Blätter wurden dann ganz breit ausgelegt, und die Blätter, die schlecht waren, die mußten wir aussortieren, das war eine schöne Arbeit. Wir hatten einen langen

Arbeitstag, zwölf Stunden, ja, von morgens sechs bis abends sechs und samstags auch noch.

Ich war ja bei meiner Tante im Haus, da war ich wie ein Kind, ich hab's gut gehabt, nicht hungern brauchen, nicht frieren brauchen, immer gut gekleidet. Da war meine Tante komisch drin, damit es nicht hieß, die hat ja keine Eltern. Das muß ich ihr lassen.

Im Sommer suchte ich Blaubeeren, tief im Wald, ganz allein bin ich gegangen. Das hat mir keiner nachgemacht, aber ich hab's gemacht. Meine Großmutter hat immer gesagt: «Du mußt immer beten, lieber Gott, beschütze mich.» Und das habe ich. Wenn ich wohin gehen mußte, dann habe ich immer gebetet: «Lieber Gott, beschütze mich», und er hat mich beschützt. Muß ich wirklich sagen. Er hat mich beschützt.

Und als ich war neunzehn Jahre alt, habe ich geheiratet und hatte über 500, fast 600 Mark gespart.

Doch, ich war eine gute Partie, immer fein gekleidet. Ich habe mir die Reste gekauft in Stettin, für fünfundneunzig Pfennig den Meter, Seidenblusen habe ich mir daraus genäht, und wenn der Stoff nicht reichte, habe ich für den Rücken schlichten, einfachen genommen. «Die feine Dame», spöttelten die Nachbarinnen, ich war fein gekleidet, ja. Eine eigene Nähmaschine hatte ich, aber erst später.

Es war Weihnachten, und mein Mann sagte: «Was wünschst du dir zu Weihnachten?» Ich wollte eine Nähmaschine, aber er sagte: «Eine Nähmaschine bekommst du nicht. Was du zu machen hast, das kannst du dir machen lassen, so viel verdiene ich.» Er war stolz. Und dann hat er mir eine wunderhübsche Tülldecke geschenkt, über die beiden Betten breit, und ick hab so getan … und wissen Sie, im stillen gedacht, ich will deutsch sprechen: «Die kannst du dir in Arsch stecken.» Ich wollt eine Nähmaschine haben, die Tülldecke war bei mir Nebensache.

Aber später, da kriegte ich vier Wochen Urlaub im Sommer, und so konnt ich immer in meine Heimat, nach Ratzdammnitz bei Stolp fahren, und dann wollt ich an einem Mittwoch nach Hause. Aber da schrieb mein Mann: «Komme nicht Mittwoch, komme Sonnabend, ich habe dir gekauft, was du dir immer gewünscht hast.» Und wie ich nach Hause komme, steht eine Nähmaschine … ich habe so bitterlich vor Freude geweint, so bitterlich, und was ich als erstes genäht habe? Das war für meinen Sohn, der war so klein, der ging noch nicht zur Schule. Mein Mann, der hatte eine kaputte Unterhose, und da habe ich das Beste ausgeschnitten und davon für meinen Sohn eine Unterhose genäht. Das weiß ich noch so wie heute. Und dann habe ich genäht. Alles. Alles. Habe mir die Modezeitungen gehalten, und da lagen doch Schnittmuster bei, und dann habe ich mir alles selber genäht … und für Fremde auch. Ich habe nicht stillgesessen.

Mein Mann war Schlosser, er hatte die Hauptwerkstatt. «Die Meisterprüfung mach ich nicht», sagte er, aber er war Vorschlosser. Er bekam neben seinem Monatsgehalt noch eine Prämie. Doch, wir hatten ein gutes Auskommen. Ich habe tüchtig Geld gespart. 17000 Mark hatte ich zusammen, da kam die Inflationszeit, 1923, und das Geld war weg. Da habe ich gesagt, ich spare aber nicht mehr!

Und nachher ging es wieder von vorne los.

Wir haben nur den einen Sohn gehabt. War doch noch genug. Er ist ein anständiger Mensch gewesen. Oh, der wurde streng erzogen. Das sage ich Ihnen. Nicht vom Vater, ich war die Strenge. Wenn er manchmal ... nee ja, nun kann er ja nicht mehr kommen, nun ist er ja tot. Aber wenn er manchmal gekommen ist, und wir haben so gesprochen, dann sagte er: «Du warst ein bißchen zu strenge.» Ja, ich habe nicht mit Schlägen gespart, nee, das habe ich nicht. Warum ich so streng war? Na ja, ich wollt, daß ein anständiger Mensch aus ihm wird. Und was ist aus ihm geworden? Er war anständig.

Jetzt ist er verstorben. Ja, er kommt rein zu mir und sagt: «Ich sterbe jetzt.» Und ich sag: «Sterben müssen wir alle. Aber wann wir sterben, das wissen wir nicht.» Und da haben wir uns noch ein Weilchen unterhalten, und da geht er los, und es dauert gar nicht lange, da kommen sie an und sagen: «Edwin ist tot.» Herzschlag. 1911 geboren, er war kurz über achtzig.

Das Leben mit meinem Mann war gut. Oh, einen besseren Mann konnte ich mir gar nicht wünschen, wirklich wahr, wir haben eine gute, gute Ehe geführt. Auch mit meinem zweiten Mann, ich war zweimal verheiratet. Sehr gut, ja, ich habe wirklich Glück gehabt. Mein erster Mann ist krank geworden und 1938 gestorben. Dann war Krieg, und ich habe einen zweiten geheiratet, ich habe auch sehr, sehr gut gelebt. Gewiß, meinen ersten Mann konnte ich nicht vergessen, nie, das ist klar, aber der Mensch gewöhnt sich an alles. Aber so einfach ist es nicht.

Wenn Sie einen Mann gehabt haben, und Sie haben ihn gerne gehabt, und Sie haben nachher einen zweiten Mann ... der eine hat dies an sich, der andere hat das an sich. Das ist nicht so einfach. Mein zweiter Mann hat auch auf der

Papierfabrik gearbeitet, aber wir kannten uns schon von früher.

Ich habe gearbeitet, die ganzen Kriegsjahre hindurch. Wenn ich wollt zu Hause bleiben, und ich war ein, zwei, drei Tage zu Hause, dann schickte die Feldmühle nach mir – die Papierfabrik gehörte der Feldmühle, die gibt es doch heute noch –, ich sollte kommen, und dann mußte ich ins Büro und dann der Direktor: «Fangen Sie doch wieder an, fangen Sie doch wieder an.» Da waren viele an der Front, viele als Krankenschwestern, und da waren die Frauen knapp, sehr knapp.

Aber schön, ich habe immer gern gearbeitet, von morgens sechs bis abends sechs, es hat Spaß gemacht.

Nach dem Kriege, nach dem ersten, habe ich in Odermünde gelebt und gearbeitet, dort war auch eine Papierfabrik, auch von der Feldmühle. Ich habe schwer gearbeitet. Papier geschleppt, vom Aufzug auf die Wiegschale, von der Wiegschale auf den Tisch, und da wurde es verarbeitet, dann brachte ich es zur Nachsortiererin, und wenn noch schlechte Blätter drin waren, mußte man wieder hin und es holen. Und dann mußte man alles wieder von vorn, noch einmal machen, aber ich habe es gerne gemacht. Muß ich sagen, ich würd es heute auch noch machen. Es gab richtiges Pergamentpapier, Seidenpapier und manchmal auch Packpapier, es wurde alles gemacht.

Und dann ... wir mußten eben raus, das wurde polnisch, und da mußten wir raus, die Heimat verlassen. Ich weiß nicht mehr wann das war.

Das Haus gehörte mir dann nicht mehr. Da wurde von der Gemeinde die Familie reingesetzt, und damit war es gut ... Die Nähmaschine habe ich mitgenommen. Die jetzt hier steht, ist ein anderes Modell, eine ganz moderne.

Mit stolzem Blick zeigt Elisabeth Rascke-Reiß auf die Nähmaschine, die bestimmt auch schon vierzig Jahre gute Dienste getan hat. Wann ich das Letzte genäht habe? Ja, das kommt darauf an, wenn einer was bringt, nähe ich. Auch jetzt noch, ja. Wenn irgendwo ein Flecken eingesetzt werden muß ... aber es bringt niemand mehr etwas. Ich habe einfach nicht stillgesessen in meinem Leben, schon als Kind nicht. Meine Augen sind in Ordnung, alles in Ordnung, mein Verstand auch noch. Das ist auch eine Gabe Gottes.

Ob ich auch immer ein gläubiger Mensch gewesen bin? Na ja, ich habe nicht ausschweifend gelebt, nur ganz ... immer solide gelebt, wenig geküßt.

So wie sich das gehörte! Wie gehörte sich das damals in meiner Zeit, in meiner Jugend? Na, ich habe mich nicht rumgetrieben, mit Männern nicht, und so was könnt ich auch nicht. Ich habe meinen Mann schon gehabt, wie ich noch nicht fünfzehn Jahre war. Können Sie glauben oder nicht.

Da geh ich mit meiner Freundin spazieren, und da kommt mein Mann an. Und wir mußten bei ihr vorbei, wo sie wohnte. «Ach», sagt sie, «ich gehe rein.» Und mein Mann, mein späterer Mann: «Wir gehen weiter.» Und da sind wir weitergegangen. Und haben wir uns erzählt und erzählt, und schließlich sagt er: «Kannst morgen abend rauskommen?» Und da sag ich: «Mal sehen» ... ich bin gekommen. Das hat er mir geschenkt wie ich fünfzehn Jahre war, fünfzehn Jahre war ich da.

Elisabeth Rasckte-Reiß zeigt die goldene Kette mit goldgefaßtem schwarzem Stein und einem weißen Frauenkopf darauf.

Bis zu meiner Hochzeit hatte ich fast 600 Mark gespart, und ganz Ratzdammnitz wollte es nicht glauben. Sie meinten, ich hätte es von meinem Vater, aber mein Vater hat mir nichts gegeben. Aber ich war auch immer sparsam, ich habe viel Handarbeit gemacht, viel gehäkelt. Sie wissen doch, früher waren die langen Bretter in der Küche, und dafür habe ich die Spitzen gehäkelt. Die Kissen dort auf meinem Bett habe ich auch alle gemacht, Kommoden-Decken gehäkelt, große lange Tischläufer, Bettläufer gehäkelt, alles von so kleinen Sternen und dann zusammengenäht.

Man war zufrieden, mit dem, was wir hatten, und jetzt ist meine Rente ganz gut. Ich habe auch einen sehr, sehr guten Mann gehabt, der ging in keine Kneipe und so, der hat nur gesorgt und mußte so schnell sterben, zu früh. Ich habe 800 Mark eigene und 600 Mark Witwenrente, bis zu meinem fünfundsiebzigsten Jahr habe ich voll gearbeitet, und dann bis in die achtzig Jahre immer auch noch regelmäßig im Altenheim, nicht ehrenamtlich, gegen Geld. Ich mußte immer sparen. Das war noch in Blankensee. Genäht habe ich dort, das ganze Dorf kam, mit vielen Kinderhosen … von zu Hause haben sie alles gebracht, ich habe alles gemacht und getan. Ich habe nicht stillgesessen, glaubt mir das. Das konnte ich gar nicht. Und was fummle ich hier manchmal und denk, du meine Güte! Ich muß doch, aber was soll ich machen? Ja, was soll ich heute noch machen, da habe ich all die Kissen, da habe ich die Decke … Das Stillsitzen, das Garnichtstun, ja, ist nicht schön.

Was denken Sie, wie langweilig das ist, wenn ich hier so sitzen muß.

Ach, auch fürs Spazierengehen, da bin ich gar nicht für. Doch vielleicht früher, wie mein Mann noch lebte. Ich habe Urlaub gemacht, so wie er mir zustand. Das habe ich mir nicht nehmen lassen. Da bin ich dann zu Hause gewesen, bin nach Stettin reingefahren, nach Messetin, und mein Mann, wir sind dann spazierengegangen, dit und jenes. Ach, das war schön, und die Zeit verging auch. An der Ostsee, in Stolpmünde waren wir auch einmal, in den Bergen aber nie.

Ob ich getanzt habe? Getanzt! Ach Gott, tanzen … O Mann, o Mann! Ich habe vor meinem Onkel, als ich noch unverheiratet war, auf Knien gelegen: «Onkel Hermann, laß mich doch gehen», und ich sollte nicht gehen. Ich glaube, er hat seine Freude dran gehabt, wenn ich bettelte. «Onkel Hermann, laß mich doch gehen!» – «Na geh», sagte er schließlich «aber um 12 Uhr bist du zu Hause, und wenn nicht, komm ich mit dem Riemen.» Na, ich habe den Bengels Bescheid gesagt: «Paßt auf, wenn Onkel Hermann kommt, er will mit dem Riemen kommen», aber er ist nicht gekommen, das hat er nicht gemacht. Am nächsten Tag mittags dann die Frage: «Wann biste nach Hause gekommen?» Ich sag: «Ich weiß nicht, wat die Uhr war.» Es war morgens früh wie ich nach Hause kam … ich bin nicht eher nach Hause gegangen, bis das Tanzvergnügen aus war. Es gab richtige Tanzhäuser, das war bei Hans, bei Klatt, und wie hieß es noch … Fritsche, das waren die drei Tanzsäle, mit Kapelle alles, alles. Die machten Hornmusik, schöne Hornmusik. Ich zog das an, was ich sonst sonntags anzog, ich habe ja immer noch ein gutes Kleid gehabt, das habe ich dann angezogen. Ach, ich war auch ein bißchen eitel und bin so gern tanzen gegangen. «Das wird dir noch alles vergehen», sagte meine Tante, «sei man erst verheiratet.» – «Nee», sagte ich. «Tante Marie, dann erst recht.» – «Na, ich helf dich denken», sagt sie denn.

Wir tanzten Walzer, Polka, Rheinländer. Tanzschuhe hatte ich keine extra, ich hatte die, die ich sonst auch anhatte. Für alle Tage besaß ich ein Paar Schuhe, und sonst ging man ja auf Leder- oder auf Holzpantoffeln, und sonntags trug ich die guten Schuhe. Ein Kino gab es bei uns noch nicht. Ach Gott, mit der Eisenbahn bin ich schon gefahren, wie ich noch ein ganz kleines Kind war. Mit Großmutter bin ich immer nach Stolp gefahren. Wir liefen von Olgashöhe bis Kramp, dort gab es eine Station, und die Eisenbahn fuhr dann bis Stolp. Ein Auto hatten wir nicht, mein Sohn hatte später ein Auto, ja. Ich kann mich noch an meine erste Autofahrt erinnern. Ach, wissen Sie, ich werde Ihnen sagen, ich habe Angst gehabt, wie ich ins Auto steigen sollte. Das wollte ich nicht. Ich bin aber doch eingestiegen, und wir sind nach Stolp gefahren und haben uns alles angeguckt. Und wirklich, dat war schön, und ich habe gleich gesagt: «Wann fahren wir dann nun wieder?» Ja, es war früher eine andere Zeit wie heute, eine ganz andere Zeit.

Allein das Kochen, einfach nur die Herdplatte, mit zwei Löchern. Licht haben wir mit Petroleumlampen gemacht. Später hatten wir dann zwar Licht, aber das Licht, das elektrische, war teuer, und da hat mein Onkel dann wieder die Petroleumlampen angemacht. Später wurde das Licht billiger, und da wurden wir auch fein, denn wer elektrisches Licht hatte, war fein. Wir hatten aber keine Badewanne. Nee, dat werd ich Ihnen sagen, da war son großes Faß, da haben wir uns Wasser reingetragen, erst ein bißchen warm gemacht, und dann haben wir gebadet, erst einer und dann der andere. Alle nacheinander, mmh, war schön. Ja, einmal in der Woche am Sonnabend. Ich habe nie eine Wohnung mit Badezimmer gehabt, wir wuschen uns immer in Schüsseln. Ja, das war früher nicht so wie heute. Und wir mußten draußen zum Plumps-Klo, man ging über den Hof, und da stand das. Bei Wind und Wetter, im Winter bei Schnee und Matsch, und dat zog so von unten, ich kann Ihnen sagen. Mitunter war der Eimer so voll, zum Überlaufen, keiner wollte ihn raustragen ... Doch, wenn wir nachts aufmußten, da gab es auch einen Eimer oder einen Topf im Haus, der wurde morgens ausgeschüttet. Als wir bauten, hatten wir zuletzt auch eine Toilette, zu Anfang auch nicht.

Ich habe immer noch ein gutes Gedächtnis und weiß viele Gedichte und Lieder aus meiner Kinder- und Jugendzeit:

Aus der Jugendzeit klingt ein Lied mir immerda,
Oh, wie liegt so weit, oh, wie liegt so weit,
was meins einst war.
Was die Schwalbe singt, was die Schwalbe singt,
die den Herbst und Frühling bringt,
und das Dorf entlang, und das Dorf entlang,
was jetzt noch klingt.
Oh, du Heimatsflur, laß in deinem seligen Raum
mich doch einmal nur, mich doch einmal nur
entfliehen im Traum.

Und in der Schule habe ich das folgende gelernt: «Der Kaiser ist ein lieber Mann», das war wie der Kaiser noch war:

Der Kaiser ist ein lieber Mann, er wohnet in Berlin.
Und wär das nicht so weit von hier,
so ging ich heut noch hin.
Und was ich bei dem Kaiser wollt,
ich gebe ihm meine Hand,
ich brächt die schönsten Blümchen ihm,
die ich im Garten fand.
Und sagte dann, aus Treu und Lieb
bring ich die Blümchen dir,
und dann lief ich geschwinde fort
und wäre wieder hier.

Der Kaiser war sogar einmal in Stolp. Da ist er extra gekommen, oh, det war ein Aufmarsch. Aber das kostete ja Geld, und da bin ich nicht gewesen. Na ja, es kostete kein Geld, den Kaiser anzusehn, aber ich hätte nach Stolp müssen. Zu Fuß hätt ich das nicht gehen wollen und mit der Bahn, waren immer ganz schöne Strecken, und es kostete viel.

Ob sich der Wechsel vom Kaiserreich zur Weimarer Republik irgendwie bemerkbar gemacht hat? Nee, das wüßte ich nicht. Mich hat Politik nicht interessiert. Was haben die mit meinem Geld gemacht?

An die beiden Kriege erinnere ich mich, ja, doch. Mein Mann war immer reklamiert von der Feldmühle, aber seinen Soldatenanzug hat er zu Hause gehabt ... ach, doch, war doch eine schöne Zeit.

Elisabeth Rasckte-Reiß macht den Eindruck, als habe sie das Elend der Kriege und die Vertreibung aus ihrer Heimat so weit verdrängt, daß sich bei den Fragen keine Erinnerung einstellt. Auch die Frage, ob sie die Zeit, als Hitler regierte, bewußt miterlebt und noch Erinnerungen habe, scheint sie zwar aufzunehmen, doch die Antwort beschränkt sich auf ein: … Ach Gott.

Folgend die Frage nach der Judenverfolgung, der Zerstörung der jüdischen Geschäfte.

Man hat gute Zeiten durchgemacht, man hat auch traurige Zeiten durchgemacht. Das muß ich offen und ehrlich sagen.

Aber etwas müssen Sie, auch die jungen Leute, Sie müssen ehrlich sein, anständig und freundlich zu alten Leuten, das müssen Sie schon. An einen Gott glauben, ja. Einen Gott gibt es, das lasse ich mir nicht nehmen. Bestimmt. Glauben Sie an Gott? Einen Gott gibt es.

Besonders schön in meinem Leben war, ja, das ich muß sagen, wenn meine Tante gut und lieb zu mir war und wenn sie mir wat gekauft und geschenkt hat. Wissen Sie, das habe ich so … ich weiß nicht … ich kann mich nicht so aussprechen, so ganz … ich weiß nicht … so lieb, so gut gefunden, weil ich doch nicht die Tochter war. Die hat mir alles gemacht, die hat mir die Strümpfe gestopft, die hat mir die Wäsche gewaschen, wenn wat kaputt war, das hat sie heilgemacht, und dies und jenes, so, als wenn ich ihre Tochter war, und das war ja viel wert.

Als das Tonbandgerät abgeschaltet und eingepackt ist, erinnert sich die älteste Mitbürgerin von Mecklenburg-Vorpommern – sie lebt jetzt im Dörfchen Kronsberg kurz vor der Stadt Jarmen an der Peene – noch an eine Geschichte, die ihr ganz wichtig ist, damit wir heute sehen, daß es Dinge, über die heute empört gesprochen wird, damals auch schon gab, ich gebe sie aus der Erinnerung wieder:

Sie mußte immer einen langen Weg von acht oder neun Kilometern über Feldwege nach Hause laufen. Als sie ungefähr zehn oder elf Jahre alt war, hielt auf einem dieser Nachhausewege ein Wagen mit Pferdegespann neben ihr. Es war der Fischer aus dem Nachbardorf, der ihr sagte, daß sie doch näher kommen solle, damit er ihr etwas erzählen und zeigen könne. Als sie sich weigerte, drängte er, und sie sah, daß seine Hose geöffnet war und er sein Geschlechtsteil in der Hand hielt. Sie bekam Angst, aber glücklicherweise näherte sich ein anderes Fuhrwerk.

Sie hatte niemandem von diesem Vorfall erzählen können. Etwas später fand man einen zehnjährigen Jungen tot in einem Roggenfeld, als der Roggen gemäht werden sollte. Alle hätten über diesen Vorfall gesprochen: Der Junge war mißhandelt worden, sein After «völlig kaputt», wie Elisabeth Rasckte-Reiß sich erinnert.

Auch zu diesem Zeitpunkt konnte sie immer noch keinem von dem Vorfall mit dem Fischer erzählen und hat danach auf den langen Wegen allein durch die Feldwege aus Angst begonnen zu singen und «zum lieben Gott» zu beten.

Gudrun Reher

Im biblischen Land Mesopotamien bin ich gewesen ...

Hermann Riesbeck

Jahrgang 1890

Hermann Riesbeck ist am 1. 7. 1890 geboren, damit nicht nur der älteste Bürger Schleswig-Holsteins, auch das älteste Mitglied der Gewerkschaft ÖTV, Eintrittsjahr 1920!

Zu Beginn zeigt mir Hermann Riesbeck sein Erinnerungsbuch zum 105. Geburtstag. Seit dem 100. wird jedes Jahr ein eigenes Album angelegt. Der 105. war schon ein besonderer, ein Brief von der Sozialdemokratischen Partei kam auch, von Herrn Scharping:

«Lieber Hermann Riesbeck, zu Deinem 105. Geburtstag und gleichzeitig zum 50. Parteijubiläum gratuliere ich Dir herzlich im Namen der Sozialdemokratischen Partei Deutschlands, aber auch persönlich recht herzlich. Ich wünsche Dir alles Gute, Gesundheit und Wohlergehen. Ein solcher Tag ist ja auch immer Anlaß, sich darauf zu besinnen, was die Sozialdemokraten und Sozialdemokratinnen über viele Jahre für Menschen in Deutschland erreicht haben. Ich glaube, es ist uns gelungen, einen Staat, ein Land mitzugestalten, in dem es sich zu leben lohnt, denn wir haben nie Politik um der Politik willen gemacht, sondern stets den Menschen mit seinen Anliegen und Sorgen in den Mittelpunkt gestellt. Du hast uns dabei geholfen. Wir danken Dir.» 1. Juli 1995.

Hermann Riesbeck erinnert sich noch genau, warum er Sozialdemokrat wurde.

Ja, damals bekam ein Zimmermann einen Stundenlohn von 60 Pfennig, und den Älteren glaubte man, weil sie nicht mehr so viel schaffen konnten, etwas abziehen zu können. Und das habe ich damals als eine große Ungerechtigkeit empfunden, und so bin ich Sozialdemokrat geworden und bin es auch geblieben. Noch länger bin ich in der Gewerkschaft und bin es auch immer noch. Das hängt ja auch zusammen. Und insofern bin ich etwas konservativ ...

Was ich mir einmal vorgenommen habe, das bleibt dann auch so. Ob das allemal richtig ist, wer weiß. Wir machen ja auch nicht immer alles richtig.

Ich habe schon viel erlebt, bin viel gereist, habe viel von der Welt gesehen. Mein Leben begann in Greifswald/Mecklenburg-Vorpommern. Der Vater war Zimmermann. Werkmeister nannte man das. Er arbeitete für die Philipp Holzmann Gesellschaft, und die hat ihn immer an Baustellen geschickt, wo er angefordert wurde, und die Familie mußte dann mit. Dadurch mußten wir Kinder, fünf Geschwister hatte ich, dauernd andere Schulen besuchen, ein richtiges Wanderarbeiterleben war das. 1905 bin ich dann selbst in die Zimmermannslehre gekommen, in Wilhelmshaven. Und als ich achtzehn Jahre alt war, habe ich mein Studium in Bremen aufgenommen, an der höheren technischen Staatslehranstalt. Mit einundzwanzig Jahren bekam ich gleich meine erste Anstellung als examinierter Tiefbauingenieur am Bau der Edertalsperre bei Hemfurt/Hessen. Der erste Arbeitstag bleibt mir unvergessen, denn es war mein 21. Geburtstag, ich wurde mündig und bekam mein erstes Gehalt von Philipp Holzmann – 150 Mark im Monat und nur 4,80 Mark Abzüge.

Nach vier Jahren, 1915, wurde ich mit fünfundzwanzig Jahren eingezogen, wir hatten Krieg. Ich kam zu den Pionieren. Nach sechs Wochen reklamierte man mich für Straßen- und Brückenbauten, ich war in Lüttich/Belgien und Nordfrankreich. Noch während des Ersten Weltkrieges, ab 1916 bin ich, auch für die Firma Philipp Holzmann, in die Türkei, nach Bagdad. Zum Bau der berühmten Bagdad-Bahn.

In einer firmeneigenen Zeitung aus dem Jahr 1997 der Firma Philipp Holzmann, die 1999 ihr 150 jähriges Bestehen feiert, wird die gute Partnerschaft zwischen Holzmann und der Türkei hervorgehoben. Aktuell beteiligt sich Holzmann an einem Wasserkraftwerksbau am Euphrat in Birecik:

«Das Wasserkraftwerk Birecik ist nicht das erste spektakuläre Projekt von Philipp Holzmann im biblischen Mesopotamien. Wo einst die Seidenstraße verlief, jene uralte Handelsstrecke, über die schon Marco Polo reiste, baute das Unternehmen Ende des vergangenen Jahrhunderts eine 3000 Kilometer lange Eisenbahnlinie, die weltweit für Aufsehen sorgte: Die ‹Bagdadbahn› sollte das damalige Konstantinopel (Istanbul) mit Basra am Persischen Golf verbinden. 1892, nach vier Jahren Bauzeit, war Ankara erreicht. Mit dem Ausbruch des Ersten Weltkrieges kam der Bau ins Stocken, die anschließende politische

Neuordnung des Osmanischen Reiches brachte ihn ganz zum Erliegen. Erst am 15. Juli 1940 konnte die Strecke Istanbul–Bagdad durchgehend befahren werden.»

Und dann erinnert der Artikel an den einstigen Mitarbeiter:

«An der technischen Pionierleistung war auch Hermann Riesbeck beteiligt. Der heute Einhundertundsiebenjährige (1997) lebt in Flensburg und erinnert sich lebhaft an seinen zweijährigen Einsatz in jenem Land, in dem «einst Milch und Honig flossen». Von 1916 bis 1918 war er als Tiefbauingenieur für die Linienführung der Strecke zuständig. Schon das Erreichen des Arbeitsplatzes war ein Abenteuer: Während die Ingenieure heute kurzerhand in ein Flugzeug steigen, stand damals eine lange Reise mit der Bahn bevor. Auch die Unterbringung war bescheiden, und trotz der Einnahme von Chinin ist Hermann Riesbeck dreimal an Malaria erkrankt …»

Ja, das war wirklich ein Abenteuer damals. In dem biblischen Land Mesopotamien bin ich gewesen, und dort, wo einmal Milch und Honig geflossen sein sollen, ging es uns ernährungsmäßig ganz schlecht. Ich bekam dann den Auftrag, Beziehungen mit einem der umliegenden Dörfer am Euphrat aufzunehmen wegen Lieferung von Lebensmitteln. Na, und, ich weiß es als wäre es gestern gewesen, am 1. Januar 1918, einem herrlichen, sonnigen, warmen Tag sind wir losgezogen. Ich hatte einen Dolmetscher mit und einen Gendarm. Unterwegs begegnete uns ein hochgewachsener Araber, er hob die Hand hoch und sagte: «Salem aleikum.» Und ich sagte zu meinen Begleitern: «Salem aleikum? Das ist doch eine Zigarettenmarke?»

Am Tigris angekommen, da hatte dieser um diese Zeit kein Hochwasser, und ein kleines Floß legte vom Ufer ab, nahm uns auf und brachte uns hinüber. Auf der anderen Seite kam das ganze Dorf zusammen. Ein Scheich begrüßte uns. Na ja, wir setzten uns, trugen unsere Wünsche vor, aber die stellten eine Bedingung: Wenn sie uns etwas liefern, nur gegen Metallik, gegen Hartgeld. Kupfer, Messing oder ... Gold wäre noch besser. Ja, es gab noch Goldtaler. Ich bekam, glaube ich, noch sechs Goldpfunde.

Nun, wie wir mit allem fertig waren, dann zeigte man sich gastfreundlich und setzte uns einen Pilaf vor. Kennen Sie einen Pilaf? Das Nationalgericht, ein Reisgericht mit viel Fett, Hammelfett und einfach auf dem Boden serviert, und die anderen griffen mit der Hand hinein. Ich konnte das nicht. Ich konnte so nicht essen. Und die Türken kreuzten die Beine unter dem Hintern, und das konnte ich auch nicht.

Der Scheich sah meine Schwierigkeiten und sagte: «Dann bekommen Sie einen Löffel.» So konnte ich auch meinen Hunger stillen.

Mein Bruder Otto war zwar auch für die Firma Holzmann an der Bahnstrecke beschäftigt, aber er war an einem ganz anderen Bauabschnitt. Er baute das Viadukt über das Tal der Gjaur, das Tal der Ungläubigen. Die Deutschen haben damals viel in der Türkei investiert. Schon immer, immer waren die Deutschen an der Türkei interessiert und haben viel gemacht.

Kaiser Wilhelm II. besuchte das Land 1889 und 1898. Das Deutsche Reich interessierte sich wirtschaftlich und militärisch für die Türkei. Vor allem Großbritannien ver-

folgte die deutschen Interessen schon um die Jahrhundertwende argwöhnisch.

Mit der Verständigung war es zum Teil schwierig, man mußte die Sprache lernen oder mit einem Dolmetscher arbeiten. Na ja, man wollte ja auch keine Unterhaltung haben, man blieb unter sich. Einige Arbeiter kamen auch aus Indien. Und es war eigenartig, wenn die Moslems ihr Gebet verrichteten, ich habe sie nie gestört, das durfte ich auch nicht. Alle richteten ihr Gesicht nach Mekka. Nein, einen kleinen Teppich hat niemand ausgerollt. Wo ich es gesehen habe, machten sie es im Stehen.

Ich bin widerstandsfähig, ich bin nicht pütscherig. War es eigentlich nie, aber die Bedingungen dort waren schon sehr hart. Alle Tropenkrankheiten habe ich gehabt. Dreimal Malaria, einmal war es besonders schwer. Es war bitter hart, ich habe schon viel durchgemacht. Malaria, Diphtherie natürlich auch. Wir hatten kaum Medikamente, gut, Chinin, das war vorhanden. Wir haben im Zelt gehaust, die Versorgung war sehr, sehr schlecht, wir haben auch hungern müssen, ich will Ihnen sagen ... aber es war auch ein besonderes Erlebnis, ich habe später immer gesagt: «Ein Abstecher ins Paradies!» Bis Mosul am Tigris bin ich gekommen. Gewaltig.

Im Ersten Weltkrieg stand die Türkei auf seiten der Mittelmächte, des deutschen Kaiserreiches und der österreichischen Monarchie. Das Gebiet um Mosul wurde 1918 von den Engländern besetzt und 1925 vom Völkerbund dem Irak zugesprochen. Die Türkei wurde im Frieden von Sèvres 1920 auf Anatolien beschränkt. Erben des türkischen Besitzes in Syrien, Palästina und Mesopotamien wurden England und Frankreich.

Ich glaube, es war im April oder Mai 1918, wo die Palästina-Front zusammenbrach. Die britische Palästina-Armee überschritt von Osten den Jordan und drang nach Palästina ein. Die Front brach zusammen, die Türkei war ja Verbündeter von Deutschland und stand auch im Krieg. Und ich war ja am ganz anderen Ende, ich habe alles zurücklassen müssen. Unsere Meßinstrumente, alles, alles. Alles verloren, alles weg. Gut, es gehörte ja der Firma. Ich habe sechs Wochen gebraucht, um von Mesopotamien nach Hause zu kommen. Sechs Wochen. Wir wurden unterwegs immer mehr, von überall kamen Kollegen, zu Fuß, per Pferd und, wo es ging, mit der Eisenbahn. Alle wollten nach Deutschland. Auf ganz mühsame Art und Weise kamen wir in Venedig per Schiff an, im Unterdeck mit ganz niedrigen Decken, und es dauerte ewig lang bis wir überhaupt nach Venedig kamen.

1919 wurde ich nach Flensburg versetzt. Wieder von der Firma Holzmann. Hier herrschten unruhige Zeiten damals, es gab immer Streit mit den Dänen um das Herzogtum Schleswig. 1920 wurde Flensburg durch die Teilung von Schleswig zur Grenzstadt. Hier sollte der Bahnhof gebaut werden, und dafür bekam ich meinen Auftrag. Dort unten, 300 oder 500 Meter weiter, war früher ein Mühlenteich. Er wurde zugeschüttet und der Bahnhof entstand und die Gleise, Richtung Kiel und so weiter. Und das war meine erste Tätigkeit in Flensburg.

Von weitem hört man eine Bahnhofsdurchsage. Die Anlage, die heute noch Flensburg per Bahn mit allen anderen Städten verbindet, ist sein Werk, und Hermann Riesbeck hört die Durchsagen mit Wohlgefallen seit über sechzig Jahren.

1921 habe ich geheiratet. Meine Tochter lebt heute in Wiesbaden, einen Enkel und zwei Urenkel habe ich. 1922 verließ ich dann Holzmann und habe mich bei der Stadt Flensburg beworben. Ich wollte dieses Wanderleben nicht mehr. Nicht wie mein Vater mit unserer Familie immer unterwegs, ich wollte seßhaft sein. Meiner Familie wollte ich das nicht antun.

Sehen Sie mal, ich hatte eine schöne Vier-Stuben-Wohnung. Oben, in der Husumer Straße, ja, ich zahlte, glaube ich, sechsundsechzig Mark Miete, und ich hatte ein Gehalt von 314 Mark, fast dieselbe Relation wie heute. Zuallererst hatte ich nur ein Zimmer zur Miete in der Mittelstraße. Und eines schönen Maientages bin ich hier vorbeigegangen, vorn die Reihenhäuser standen schon, habe mir das angeguckt und dann 1933 das Grundstück erworben. Ich war schon verheiratet, meine Frau konnte nicht viel helfen, aber ich habe das Haus gebaut, allein. 1935 sind wir eingezogen. Arbeit ist für mich Leben. Alles, was hier ist, habe ich selbst geschaffen. Keine Wände tapeziert und auch keine Decken gestrichen, aber das Haus, alles selbst gemacht, alles gebaut. Ich stehe auch heute noch mit der Arbeit auf du und du, ich kann aber nicht mehr viel machen, ich habe mein Soll erfüllt.

Der Mühlenstrom ist damals unterirdisch kanalisiert worden, jetzt wollen die Stadtväter ihn wieder offenlegen, so ändern sich die Dinge. In den dreißiger Jahren haben wir Flensburg erst mal vom Plumpsklo befreit und Kanalisation gelegt. Als Stadtbauführer wurde ich beamtet, dann hatte ich den Titel Stadtbaumeister, dann 1945 hieß es Stadtbau-Oberinspektor, und bis 1955 war ich Leiter des Tiefbauamtes Flensburg.

Im Zweiten Weltkrieg war ich ja schon zu alt, um Soldat zu sein, aber sie haben uns dann doch noch für ein paar Monate 1944 nach Polen geschickt. Zum Panzergräbenausheben, ziemlich zum Ende als man merkte, daß die Russen kommen. Wir waren mehrere Ältere aus Flensburg, ich war ja schon fast Mitte Fünfzig. Und dort hatte ich ein Erlebnis, das ich noch gut in Erinnerung habe. Da kam ein Goldfasan – wie wir das nannten – angeritten, ein Gauleiter oder so etwas, mit viel Goldbesatz auf der braunen Uniform. Der hatte die Peitsche in der Hand und sagte zu mir: «Das muß schneller gehen! Sie müssen mehr schaffen!» Da sagte ich zu ihm: «Geben Sie den Leuten mehr zu fressen, dann können sie auch mehr leisten.» Da nahm er seinen Stock, drohte und schrie: «Wenn Sie noch einmal Ihr gottloses Maul aufreißen, dann bringe ich Sie nach Auschwitz!» Ich wußte gar nicht, was Auschwitz ist. Der Goldfasan … Ach ja, ich habe viel, viel erlebt. O Gott. Was ist mein Leben? Ich habe Zimmermann gelernt …

1955 kam die Pensionierung, mit fünfundsechzig Jahren, aber ich habe weitergearbeitet. Noch zwei Jahre Spezialaufgaben für die Stadt Flensburg übernommen, und dann wurde ich noch von der dänischen Firma Danforst angefordert, die wollten hier eine Fabrik bauen, und so übertrug man mir die ganze Bauleitung. Da war ich dann schon 72 oder 73 Jahre, bis ich ganz aufhörte, und dann ging das Reisen los. Griechenland, Frankreich, Spanien, Tunesien. Mit neunundneunzig Jahren war ich noch in Italien.

In dem Jahr 1995, an meinem 105. Geburtstag, bin ich besonders gefeiert worden, Empfang im Rathaus, Eintrag ins Gästebuch der Stadt als Hermann Heinrich Paul Riesbeck. Ältester Bürger und ältester Mensch der Stadt, hieß es, der Obersenior Flensburgs. Vierzig Jahre Stadtbauamtmann, ob ich mich nicht schäme, seit vierzig Jahren die Beamtenpension der Stadt Flensburg zu kassieren. Ich weiß nicht, ob das nicht doch ernst gemeint war, diese Stadtväter! Aber ich war schlagfertig, immer sehr, sehr schlagfertig: Ich habe auch fünfzig Jahre gearbeitet für die Stadt, und das habe ich an Pension noch nicht voll. Ich bekam die Stadtkrawatte trotzdem überreicht, und seitdem ich gesagt habe, daß ich täglich ein Gläschen Bier trinke, bekomme ich jetzt von der Brauerei auch jeden Monat mein Kontingent. Bessere Werbung gibt es für die ja gar nicht.

Ja, wenn man 105 wird. Zum 105. Geburtstag kam eine Gratulation des Bundespräsidenten Herzog, der Ministerpräsidentin Heide Simonis. Wir hatten wie meistens wunderbares Wetter, und alle standen Schlange, um zu gratulieren, wie beim Neujahrsempfang beim Bundespräsidenten, mit Spielmannszug. Meine Geburtstage sind inzwischen hier zum Straßenfest geworden. Hier ein Foto mit einer großen Sonnenberg-Rum-Flasche, die Telecom brachte ein schnurloses Telefon, das war schon etwas! Mit Zelt im Garten, Roastbeef mit Bratkartoffeln, und alle backen für ein riesiges Kuchenbüfett, auch alle, die nicht wissen, was sie mitbringen sollen, werden gebeten, einen Kuchen zu backen, herrlich. Und dann stehen alle Schlange, haben gerade gegessen, und schon stürzten sie alle auf den Kuchen. Plattdeutsch vorgelesen wird natürlich auch. So feiern wir seit dem Hundertsten. Spät abends werden in allen Fenstern Kerzen angezündet, und ich gehe durch die Straße, begrüße noch einmal alle, und ein Feuerwerk gibt's auch. Ja, man muß die Feste feiern …

Ich habe hier am Fenster einen wunderbaren Platz, sehe unten im Garten meine Werkstatt. Ich habe immer viel mit Holz gearbeitet, das hat mir viel Spaß gemacht. Und die Sonne geht hier nie unter. Wenn sie scheint, begleitet sie mich hier am Fenster den ganzen Tag.

Und ich habe auch Glück gehabt, das gebe ich auch zu.

An meiner Ernährung oder am Verzicht auf Alkohol kann es nicht gelegen haben, daß ich so alt geworden bin. O nein, o nein, ich habe manchen Rausch gehabt, ooh ha, ich bin oft besoffen gewesen. Das bleibt gar nicht aus, bei Bauleuten, Richtfesten. Sport getrieben habe ich nicht. Nein, dazu war keine Zeit. Sehen Sie mal, ich war Leiter des Tiefbauamtes Flensburg zum Schluß, habe immer viel Arbeit gehabt, nie viel Zeit. Allerdings die Zeit für einen schönen Stammtisch, die habe ich mir genommen, den habe ich sehr gepflegt. Da durfte keiner fehlen. Da gab's ein bißchen Himbeersaft … nein, natürlich nicht. Da wurde Bier getrunken und im Winter Grog. Ja, ich habe in meinem Leben manchen Rausch gehabt, Junge, Junge, bin ich oft besoffen gewesen. Aber ich glaube, ich habe trotzdem meine Grenzen gekannt, und ich hatte immer eine gute Kondition, früher wurde ja auch viel mehr gelaufen. Selbst Auto gefahren bin ich nicht. Mir stand immer ein Auto für die Arbeit zur Verfügung, und so bin ich selbst gar nicht dazu gekommen. Wenn man gefahren wird, das ist doch besser, oder?

Das erste Auto habe ich bei Waldeck gesehen, ich glaube 1912. Das knatterte um die Kurve, ich wußte gar nicht, wo ich so schnell hinspringen sollte.

Ich habe immer große Sympathien für Astronomie gehabt, mich damit beschäftigt, und unten in meiner Laube habe ich auch einen Globus, und ich beschäftige mich mit dem Globus. Und sehen Sie einmal 12 000 km, 12 000 km und dann wir kleine Krümel ... und denken Sie einmal an die Wassertiefe, 11 000 Meter im Marianengraben, und dann der Kilimandscharo, diese Höhe. Wenn ich den Globus vor mir habe, vergesse ich alles, ja. Und kaum, daß wir bohren, ist schon wieder Wasser da.

Ich kann mit meinem Ergebnis zufrieden sein. Und bin es auch. Ja. Und sie, meine treue Seele, hilft mit und mit viel Unterstützung, ein guter Kamerad, ein selten guter Kamerad, klug, gewandt. Ich bin die ganzen Jahre in bester Obhut, besser geht's nicht, obwohl ich auch mal was hinten drauf haben müßte, aber bis jetzt ist es noch so abgegangen.

Mit einem dankbaren Blick auf seine Haushälterin beschließt Hermann Riesbeck unser Gespräch.

Vier Wochen nach meinem Gespräch mit dem ältesten Bürger Schleswig-Holsteins lese ich die Todesanzeige. Ein langes, ereignisreiches, erfülltes Leben ging friedlich zu Ende. Mit 108 Jahren, genau vier Wochen vor dem 109. Geburtstag, ist Hermann Riesbeck verstorben.

Gudrun Reher

... und so fing alles an: Die Erfinderin der Einbauküche erinnert sich

Margarete Schütte-Lihotzky

Jahrgang 1897

Margarete Schütte-Lihotzky, 102, ist eine der bekanntesten österreichischen Architektinnen. 1940 wurde die Kommunistin und Widerstandskämpferin von den Nazis zum Tode verurteilt. Sie überlebte – und engagiert sich auch heute noch politisch.

Eine gute Küche ist blau. Wegen der Fliegen, wissen Sie. Ich hatte ja selbst jahrelang eine blaue Küche. Und nie eine Fliege, keine einzige. Andere nahmen DDT, ich nahm Blau. Vom Kochen und vom Essen werden Fliegen natürlich angezogen. Aber das Blau mögen sie nicht. Ich aber mag es – dafür zieht mich das Kochen nicht so an. Ich gehe lieber essen.

Das ist schon merkwürdig: Daß ich ausgerechnet durch eine Küche, die ich vor mehr als siebzig Jahren entworfen habe, na ja, ein bißchen berühmt geworden bin – das ist wahrscheinlich das größte Mißverständnis in meinem Leben. Schließlich bin ich keine Küchenexpertin, sondern Architektin. Immer gewesen. Aber man erinnert sich ausgerechnet an die Frankfurter Küche. Noch dazu, wo ich Wienerin bin. Daß die Küche nach Frankfurt benannt ist, das ist auch so ein halbes Mißverständnis. Und obendrein war es ein Werbetrick: Die erste Einbauküche der Welt – da brauchte es schon einen guten Namen.

Als ich vor zwei Jahren meinen 100. Geburtstag gefeiert habe, da waren 850 Leute hier im Wiener Museum für angewandte Kunst. Da ist die Küche nachgebaut worden, im Maßstab eins zu eins. Sogar mit Originalkacheln. Also, das ist schon schön, dieser Erfolg. Wenn man bedenkt, daß ich nur ein paar Meter von hier studiert habe, das war im Wintersemester 1915, ja, damals wurde ich aufgenommen in die Kunstgewerbeschule. Was nicht leicht war. Eigentlich, das war der Plan meiner Eltern, sollte Gustav Klimt ein gutes Wort für mich einlegen bei seinem Freund, dem Direktor Alfred Roller. Das Empfehlungsschreiben kam dann auch, aber viel zu spät, ich war schon in der Prüfung. Und als meine Schwester das Kuvert öffnete, da stand da nur: «Lieber Roller, zu meinem Leidwesen bin ich gezwungen, Überbringerin dieses Briefes Dir zu empfehlen. Bitte verfahre ganz nach Deinem Gutdünken!» Die Prüfung hab ich trotzdem geschafft.

Erst wollte ich Illustrationszeichnerin werden, aber nach dem Praktikum bei der Tischlerei Pospischil wollte ich Möbelzeichnerin werden – doch dann war da nebenan die Architekturklasse vom Professor Oskar Strnad, und da sah ich, daß jeder Millimeter, den man zeichnet, einen Sinn hat, daß dann etwas umgesetzt wird, was die tägliche Umgebung des Menschen beeinflußt. Da habe ich erklärt: Ich will Architektin werden. Die erste in Österreich. Da vorn am Eck, gleich neben dem Museum, da war der Vorlesungssaal im ersten Stock ... Ja, jetzt komme ich nur noch selten hierher, um Leuten die Küche zu zeigen. Also die verfolgt mich wirklich, die Küche.

Beispielsweise werde ich bis an mein Lebensende nie die Maße vergessen. Jeden Millimeter habe ich im Gedächtnis. Hier ist alles ganz genau berechnet. Das ist ja die Erfindung. Die Küche sollte so klein sein wie irgend möglich. Und so billig wie irgend möglich. Deshalb auch eine Arbeitsküche und keine Wohnküche, so fängt's schon mal an. Küchen waren damals vielleicht zwanzig Quadratmeter groß. Mitten in der Wohnungsnot nach dem Ersten Weltkrieg – eine unerhörte Verschwendung. Dagegen die Eisenbahn: In den Speisewagen gab es Küchen, 1,83 auf 1,95 Meter groß. Da hantieren zwei Menschen, welche für fünfzig Personen ein Essen von sechs Gängen zubereiten. Das ist eine Leistung, das war die Idee. Aber die Küche ist eigentlich nur der Anfang. Es geht ja überhaupt um die moderne Frau und den modernen Wohnungsbau. *Wie kann man durch richtigen Wohnungsbau der Frau Arbeit ersparen?* – das ist der Titel meiner ersten theoretischen Schrift von 1921. So bin ich zur Spezialistin für Rationalisierung geworden. Und so kam ich 1926 nach Frankfurt, wo Ernst May, der Leiter des Hochbauamtes, von einem völlig neuen Frankfurt träumte. Mit Platz für alle. Ökonomie war gefragt.

Die Küche, zum Beispiel, ist eigentlich eine kleine Fabrik. Deshalb habe ich jeden Schritt nachgerechnet, den die Hausfrau machen muß, mich daneben gestellt mit der Stoppuhr und jeden Handgriff gemessen. Alles ist genau durchdacht. Die Küche ist fast wie ein Laboratorium. Und aussehen muß sie wie eine Apotheke, wo jedes Fläschchen und jede Kleinigkeit sein bestimmtes Fach oder ihren ganz bestimmten Platz haben, mit genauer Aufschrift. Die Küche ist ja nur 1,90 Meter breit und

3,44 Meter lang. Da muß man sparen. 240 Mark hat damals die Frankfurter Küche gekostet. Für eine Arbeiterfamilie war das sehr viel Geld. Und deshalb muß man an alles denken. Sehen Sie die Schublade hier? Weil die Leute damals so große Mehlvorräte im Hause hatten, gab es eine Schublade aus Eichenholz. Und warum aus Eichenholz? Weil da Gerbsäure drin ist. Und das ist gut gegen Ungeziefer. Das sind so Tricks, aber alles ist am Ende Architektur. Es geht ja um Räume und um das Leben der Menschen darin. Nicht um Küchen, wer baut schon Küchen?

Gerhard Matzig

Überwiegend mit dem Herzen: Die erste Frau in einem deutschen Ministeramt

Paula Karpinski

Jahrgang 1897

Manchmal kam ich erst nachts um ein Uhr nach Haus, sehr oft noch mit einem Stapel Akten unter dem Arm. Die las ich dann im Bett, weil es dort ein bißchen bequemer war.»

Eine Frau, aufgewachsen in einem Hamburger Arbeiterstadtteil, erzählt von ihrer beruflichen Anspannung. Eine Frau mit Volksschulabschluß, mit Mann und Kind, für die das Kriegsende eine in Deutschland bis dahin einmalige Herausforderung bereithielt.

Sie hat ein aufregendes, an Katastrophen und an Umstürzen reiches Jahrhundert durchlebt. Hineingeboren in eine Welt schärfster sozialer Gegensätze, aufgewachsen mit den Idealen ihrer Eltern, für die Demokratie und Sozialismus gleichbedeutend waren mit Bildung, Gleichberechtigung, materiellem Fortschritt für alle und Teilhabe am politischen Leben. Jetzt, zum Milleniumswechsel, sinnt sie im Gespräch darüber nach, was das Jahrhundert gebracht hat: Die Bildungschancen haben sich drastisch erweitert, der Wohlstand ist relativ breit gestreut, der Globus elektronisch vernetzt, doch die soziale Frage, Ausgangspunkt aller Kapitalismuskritik, besteht fort: Massenarbeitslosigkeit ist schon lange ein Dauerzustand, die wirtschaftliche Machtkonzentration schreitet voran, Armut drückt wieder ganzen Stadtteilen ihren Stempel auf. Vier Monate vor ihrem 102. Geburtstag liest sie in der Zeitung: «Die Kinderarmut steigt weiter – schon 54 000 Kinder und Jugendliche leben in Hamburg von der Sozialhilfe».

Eine Nachricht, die Vergleiche provoziert und die in das Jahr zurückführt, da aus Paula Karpinski eine leidenschaftliche Anwältin für die Jugend wurde. Am 13. Oktober 1946, kaum ein halbes Jahr nach dem Zusammentreten der von der britischen Besatzungsmacht ernannten Bürgerschaft, dem Hamburger Landesparlament, war erstmals nach dem Krieg wieder frei gewählt worden. Es war die Stunde zweier von den Nationalsozialisten verfolgter Sozialdemokraten, von Bürgermeister Max Brauer und von Bürgerschaftspräsident Adolph Schönfelder. Sie konnten nun, mit einer stattlichen Mehrheit an Mandaten im Rücken, nach dreizehn Jahren Zwangspause endlich die Geschicke ihrer Stadt demokratisch gestalten.

Der Neuanfang sollte auch für die Frauen mehr als ein Trippelschritt zur politischen Gleichberechtigung werden. Bis dahin schmückten Frauen nur als schöne Statuen, als abstrakte Verkörperungen edler Prinzipien – Gnade, Gerechtigkeit, Sittlichkeit – die Eingangshalle zu den Sitzungsräumen der Stadtregierung im prunkvollen Rathaus der Hansestadt. Als Mitglieder in einer Regierung waren Frauen noch nicht zum Zentrum der Macht vorgestoßen, weder im Reich noch in einer deutschen Landesregierung. Doch jetzt zählte die SPD-Fraktion in der Hamburgischen Bürgerschaft bei dreiundachtzig Abgeordneten bereits fünfzehn Frauen, die zu übergehen Verstimmung erzeugt hätte. Eine Frau als Senatsmitglied kann man verkraften, müssen die männlichen Stadtoberen gemeint haben. Frauen, mögen sie überdies gedacht haben, können gut improvisieren, haben ein stärkeres soziales Gewissen und einen Sinn für das Praktische und damit genau das, was in den Wirren der Nachkriegsjahre gebraucht wurde. Aber wenn die Frauen in der SPD geglaubt haben sollten, sie selbst könnten entscheiden, welche Genossinnen in die Regierung sollten, so hatten sie die Rechnung ohne die Parteipatriarchen gemacht.

Paula Karpinski, am 6. November 1897 geboren, sitzt aufrecht auf ihrer Couch in einer lichtdurchfluteten Viereinhalb-Zimmer-Wohnung im Hamburger Stadtteil Eppendorf. Sie hat ihren Stock angelehnt und ihr Hörgerät eingeschaltet. Mit wachem Blick erzählt sie aus ihrem Leben. Wie sie 1946 Jugendsenatorin und damit zugleich die erste Frau in einem deutschen Ministeramt wurde.

«Eines Tages rief mich Adolph Schönfelder, der Bürgerschaftspräsident, an und sagte: ‹Paula, wenn wir jetzt gewählt haben, wirst du Senator.› – ‹Ach›, sagte ich, ‹Adolph, ich weiß gar nicht, ob ich das unbedingt möchte und ob ich die Voraussetzungen dafür habe.› Darauf sagte Schönfelder: ‹Wenn du es nicht wirst, kriegt ihr gar keine Frau.› Das war natürlich für mich Veranlassung, um mich mit meinen Genossinnen zusammenzusetzen und ihnen zu sagen, was Adolph vorschlägt. Und sie sagten alle: ‹Natürlich, Paula, mußt du das machen.›»

Es war ein Sprung ins kalte Wasser. Niemand hatte der einstigen Buchhalterin und Kontoristin, die sich am Sozi-

alpädagogischen Institut in Hamburg fortgebildet und
zur staatlich geprüften Wohlfahrtspflegerin qualifiziert
hatte, in Managementseminaren beigebracht, wie man
eine Behörde mit circa fünfzehnhundert Mitarbeitern lei-
tet und strukturiert. Doch in der Not wird das Alphabet
sehr praktisch buchstabiert. A wie Anpacken, B wie Be-
geistern, C wie dem Chaos die Stirn bieten. Wie man für
Ziele motiviert, hatte Paula Karpinski schon im Landes-
frauenausschuß der SPD erfahren. Wie man sich inner-
halb des Parlaments Gehör verschafft, hatte sie zwischen
1931 und 1933, den schlimmsten Zeiten der deutschen
Parlamentsgeschichte, bereits als Abgeordnete gelernt.
Wie man organisiert, erfuhr sie im Landesvorstand der
Partei, dessen Mitglied sie bereits im Alter von dreiund-
zwanzig Jahren geworden war. Und außerdem hatte sie
von zu Hause eine ordentliche Portion Selbstbewußtsein
mitbekommen: «Was du denkst, dazu mußt du auch ste-
hen», hatte ihr Vater zu ihr gesagt, und so ist sie ent-
schlossen, nicht bei jedem Gegenwind sofort einzuknik-
ken.

Als ein CDU-Abgeordneter der Hamburger Bürger-
schaft das Kindeswohl nur gewährleistet sah, wenn die
Fürsorgerinnen religiös gebunden seien, entgegnete ihm
Paula Karpinski:

«Es gibt in den Sozialbehörden trotz eines Tarifver-
trags, der den Achtstundentag vorschreibt, keinen Acht-
stundentag. Die Arbeit ist da und sie muß geleistet wer-
den, und sie wird aufs vorbildlichste geleistet. Meine Für-
sorgerinnen sind mit schlechten Schuhen gelaufen, mit
schlechter Kleidung und haben ihre Aufgabe erfüllt. Ich
glaube, daß darin der Beweis liegt, daß sie die richtige

Haltung und Einstellung zu ihrer Arbeit mitbringen, ganz unabhängig davon, wie sie weltanschaulich gebunden waren. Wir haben nicht gefragt: Bist du evangelisch, katholisch oder sozialistisch? Dazu hatten wir keine Zeit, denn die Not war da, und wir fühlten uns verpflichtet, diese Not lindern zu helfen.»

1949, drei Jahre nach Amtsantritt des gewählten Senats, zieht die Stadtregierung unter Bürgermeister Max Brauer eine erste Bilanz ihres Wirkens. Die Senatorin, vom Parlamentspräsidenten mit größter Selbstverständlichkeit immer als Frau Senator zum Rednerpult gebeten, spricht von einer «ungeheuren Jugendnot», mit der sie Tag für Tag konfrontiert sei. Tausende junger Menschen irrten in den ersten Nachkriegsjahren als Flüchtlinge auf den Straßen herum, ihre Familien waren auf der Flucht zerrissen worden. An die Stelle der Arbeit war bei vielen jungen Menschen das «Organisieren» getreten. Kohlenklau, Hamsterfahrten, Schwarzmarktgeschäfte auf der einen Seite, aufgestauter Lebenshunger, Zügellosigkeit und Unfähigkeit zur Einordnung auf der anderen. Schicksale, die im Dezember 1948 den britisch-jüdischen Verleger Victor Gollancz nach etlichen Reisen durch Deutschland zu einem leidenschaftlichen, über den Nordwestdeutschen Rundfunk ausgestrahlten Appell veranlaßten, der die Deutschen aufforderte, Geld für die notleidenden Kinder zu spenden:

«Diese Kinder bedeuten für mich die größte Tragödie eines Nachkriegs-Deutschland, etwas noch viel Schlimmeres als die entsetzlichen Wohnungsverhältnisse: die grauen, müden Gesichter, die mangelnde Heizung und Nahrung, die Hoffnungslosigkeit und Verzweiflung. In

Gedanken sehe ich noch, wie sie ihre vom Schwarzmarkt stammenden Zigaretten rauchend, in dem trüben und schädlichen Licht der Bunker sitzen oder ziellos in den Flüchtlingslagern herumschlendern. Nur zu gut hatten diese Kinder die Lektionen der Bomben und des Schwarzen Marktes gelernt und waren zu versteckten Dieben, zu Schmugglern oder gar zu Prostituierten geworden. Wir haben ihnen gegenüber eine ungeheure Schuld, denn in ihrer Unschuld büßen sie für die Fehler, die wir alle durch bewußten Haß, durch Grausamkeit, moralische Schwäche und Unentschlossenheit während der letzten Jahrzehnte begangen haben.»

Die Statistik jener Zeit spiegelt nur einen Teil des Problems wider: Von den 420 000 Kindern und Jugendlichen, die 1950 in Hamburg lebten, standen 11 000 Kinder unter Amtsvormundschaft, 16 000 Jugendliche unter Schutzaufsicht, circa 5000 Kinder lebten in Einrichtungen der öffentlichen Erziehung. «Die meisten davon waren keine schlechten Menschen, sie hatten oft nur ein sehr trauriges Schicksal», ergänzt Paula Karpinski.

Paula Karpinski gingen die Schicksale dieser Kinder und Jugendlichen sichtlich unter die Haut. Sie kümmerte sich um die Einrichtung und den Bau von Jugendheimen, von Spielplätzen und Kindertagesstätten sowie um eine qualifizierte Ausbildung der Erzieherinnen und Erzieher. Auf einem Stichwortzettel hatte sie die Drei-Jahres-Bilanz ihrer Behörde festgehalten. Sie wollte ihre Rede im Parlament mit einer persönlichen Bemerkung schließen:

«Meine Damen und Herren! Es ist mir doch ein Bedürfnis, obwohl ich weiß, daß der Herr Präsident in meinem Rücken wünscht, daß ich gar nichts mehr sage, noch ein paar Worte zu sagen, weil ich finde, daß wir so selten Gelegenheit haben, einmal über die Dinge zu sprechen, die uns am Herzen liegen.»

Der Präsident, noch immer Adolph Schönfelder, gibt sich in der Bürgerschaftsdebatte zur Verabschiedung des Haushalts demonstrativ nüchtern und unterbricht die Frau, die er drei Jahre zuvor mit in das Senatorinnenamt gehievt hatte: «Ihr Herz steht im Haushalt nicht zur Debatte.» Die Jugendsenatorin beharrt selbstbewußt: «Es ist aber wirklich so, Herr Präsident, daß man diese Arbeit überwiegend mit dem Herzen machen muß, und nicht nur mit dem Kopf.»

Als Jugendsenatorin richtete Paula Karpinski den Blick auch auf die sich verändernden Erziehungsbedingungen in den Familien. Sie setzte sich für den großen Kreis alleinstehender, berufstätiger Mütter ein und sah in der hohen Frühinvalidität von Frauen sowie in der hohen Müttersterblichkeit eine Herausforderung für die Gesetzgebung und für die Beratungsdienste. Die Bundesrepublik rangierte Ende der fünfziger Jahre unter den Industriestaaten hinter den USA auf Platz 2 der Müttersterblichkeitsskala. Skeptischen Stimmen zum Trotz richtete sie in ihrer Behörde 1959 das Referat «Frau und Familie» ein und setzte den Rechtsanspruch auf einen Hausarbeitstag durch. In der Bürgerschaft sagte sie zur Begründung:

«Ich bin fest davon überzeugt, daß der Zusammenhalt in den Familien ein weit besserer werden kann, als er heute ist, und daß wir das, was an Substanz heute vorhanden ist, nur wiedererwecken müssen.»

Die ausladende Bücherwand in ihrer Wohnung spiegelt das Interesse an der Zukunft des Menschlichen, sie verrät, womit Paula Karpinski sich politisch, literarisch und philosophisch beschäftigt, was sie gelesen hat und was sie noch lesen möchte: Peter Ustinovs *Rußland*, Gerd Ruges *Pasternak*-Bildbiographie, sämtliche Werke von Theodor Fontane, *Der Garten des Menschlichen* von Carl Friedrich von Weizsäcker, *Faktor Vier*, das Standardwerk seines Sohnes Ernst-Ulrich von Weizsäcker über die ökonomische Vernunft umweltgerechten Wirtschaftens.

Aus dem Buch *Frauen unter Männern* des Unternehmensberaters L. Kroeber-Keneth, 1955 erschienen, ragen noch die handgeschriebenen Stichwortzettel einer Rede von Paula Karpinski vor der Industriegewerkschaft Chemie, Papier, Keramik vom Juli 1956 hervor (Thema: «Arbeitsschutz, Technisierung und Gleichberechtigung»), dort, wo der Autor als sein Credo ausgibt:

«Die Frau möge endlich bewußt und gestaltend ihren Part im großen Chor der arbeitenden Menschheit übernehmen», um dann mit dem Pferdefuß aufzuwarten: «Gleichwohl gedenken wir Männer noch Chorführer zu bleiben – auch im Interesse der Frauen.»

Willy Brandt und Helmut Schmidt, deren Biographien sich auch in ihrer Bücherwand finden, hat sie als politische Akteure sehr geschätzt, Herbert Wehner war ihr mitunter persönlich zu verletzend, aber als «Chorführer» hat sie alle drei nicht gesehen. Sie hat viele Texte zur Geschichte des Sozialismus und zur Sozialdemokratie gesammelt und besitzt Bände mit Titeln wie *Heilende Kräfte im kindlichen Spiel* und *Frauenalltag und Männerpolitik*. Im Regal steht auch *Die Kultur der Frau – eine Lebenssymphonie der Frau des XX. Jahrhunderts*, 1931 von Ada Schmidt-Beil herausgegeben. Paula Karpinski hat dieses mit vielen

Bleistiftmarkierungen versehene Buch als Orientierungshilfe und Ratgeber genutzt. Auch hier hat sie Vorbilder für die Unbeirrtheit gefunden, mit der sie in den Nachkriegsjahren auf eine «Politik des Herzens» setzte. Der Frau sei das «Vorrecht» und die Aufgabe gegeben, «Hüterin und Gestalterin einer Persönlichkeitskultur zu sein, bei der sie vor allem im Gefühlsleben schöpferisch ist». Der Satz ist nicht so nach innen gerichtet zu verstehen, wie er heute klingt, denn im weiteren Text heißt es auch:

«Die Frau tritt als aktiver Faktor in den Alltag des Geistes. Aus einem Leben, das nach innen gravitierte, wendet sie sich der Öffentlichkeit zu, dem politischen, organisatorischen, wirtschaftlichen, wissenschaftlichen Leben. Fast alle Berufe sind ihr erschlossen, und sie schafft sich selbst darüber hinaus ihr gemäße neue Wirkungsmöglichkeiten. Sie wird nun auf weiten Gebieten talentvolle und bedeutende Arbeit leisten. Sie wird gelehrte Forschungen mit Erfolg durchführen. Sie wird Texte edieren, mikroskopieren, astronomische Messungen machen, Ausgrabungen veranstalten, sie wird in weitem Umfang künstlerische, philosophische, politische, pädagogische, wirtschaftliche Leistungen hervorbringen.»

Und Paula Karpinski wird lesen und lesen, wenn denn die Augen weiterhin mitmachen: Die Autobiographie von Doris Lessing und etliche Biographien von Schauspielerinnen und Schauspielern zum Beispiel. Schließlich die Neuentdeckungen. Im Krankenhaus hat sie kürzlich erst *Peter Camenzind* von Hermann Hesse gelesen. «Seine Naturschilderungen sind einfach wunderbar», schwärmt sie. Ihr Enkelsohn hat ihr mit *Siddhartha* gerade Nachschub gebracht.

Paula Karpinski hatte sich schon früh geschworen, in der Sache immer hartnäckig zu sein, im Ton freundlich vermittelnd. So verteidigte sie 1950 vor der Bürgerschaft den Etatansatz für den von ihr gegründeten «Kulturring der Jugend» mit damals 8000 Mitgliedern: «Hier entsteht eine große Jugendkulturgemeinde, die den Zugang zu den Theatern, zu den Konzerten und zu besonderen Kulturveranstaltungen gefunden hat.» Wer daran aufgrund von Sparüberlegungen zu rütteln gedachte, bekam es mit ihr zu tun: «Ich kann mir nicht vorstellen, Herr Finanzsenator, daß Sie es übers Herz bringen könnten, gerade dieser Jugend die Mittel zu streichen», rief sie in den Plenarsaal. Es war nicht das einzige Mal, daß sie den Finanzsenator mit ihren Projekten öffentlich unter Druck setzte. Als es 1952 darum ging, die Entscheidung zum Bau des Hamburger Volksparkstadions durchzusetzen, drohte Paula Karpinski, damals für zwei Jahre auch Sportsenatorin, sie werde dem Finanzsenator «keine Ruhe lassen, bis die berechtigten Wünsche der Sportler erfüllt sind».

Appelle, Beschwörungen und Ermahnungen: was Außenstehenden mitunter wie ein Scheingefecht vorkommen konnte, war durchaus keine überflüssige Rhetorik. In den Jahren des Wiederaufbaus hatte der Finanzsenator für jede Mark mindestens drei bis fünf Verwendungen. Wer Geld aus dem Haushalt beanspruchte oder bei einem besonders wertvollen innerstädtischen Grundstück auf mögliche Einnahmen für die Stadtkasse aus dem Verkauf verzichten wollte, brauchte dafür schon schlagkräftige Argumente.

Das Gespräch führt zu einem der spektakulärsten Schachzüge der früheren Hamburger Jugendsenatorin.

Am Elbhang direkt hinter den St. Pauli-Landungsbrücken erhebt sich der Hamburger Stintfang, auf dessen Kuppe in Nachbarschaft zum Bismarck-Denkmal auf einem früheren Trümmergrundstück seit bald fünfzig Jahren ein Haus der Jugend und eine internationale Jugendherberge steht. Und damit sind wir bei Paula Karpinskis ganzem Stolz: Eine der schönsten Lagen der Stadt für die Jugend gesichert zu haben.

Mit leicht gebrochener, aber fester Stimme erzählt sie, wie sie 1950 agierte:

«Ich hatte einen sehr guten Kontakt zu dem Leiter des Jugendherbergswerks. Der kam zu mir und sagte, sie bräuchten dringend eine neue Jugendherberge. Und dieser Platz auf dem Stintfang wäre so wunderbar geeignet, weil die jungen Leute dort ja mit dem Leben Hamburgs, mit dem Arbeitsleben im Hafen vertraut gemacht werden könnten, weil sie ja direkt auf die Elbe schauen, die Schiffe sehen und angereizt wurden, mit Rundfahrten das ganze Leben im Hafen kennenzulernen. Wie es üblich ist, müssen wir, wenn wir etwas im Senat durchsetzen wollen, eine Vorlage machen. Und so habe ich eben eine Vorlage für den Bau einer Jugendherberge auf dem Stintfang in den Senat eingebracht. Nun, da waren Walter Dudek, der Finanzsenator, Max Brauer, der Erste Bürgermeister, und Professor Karl Schiller, der damalige Hamburger Wirtschaftssenator. Die waren alle drei gegen mich, weil sie dort das finanziell gute Objekt eines großen Hotels haben wollten. In der Deputation meiner Behörde aber haben alle für mich gestimmt, und so haben wir die Jugendherberge dann auch durchgesetzt. Von außen aber kam auch Kritik, da kamen Stimmen, die sagten: ‹Oh, das ist ja viel zu dicht an der Reeperbahn. Da werden die Jugendlichen ja verführt.› Ich hab dann aber damals gesagt: ‹Die gehen doch sowieso dahin, da braucht sie keiner zu verführen.› Aber mein Hauptargument war: Diejenigen, die das Erlebnis dieses Blickes auf den Hafen und die Elbe haben, die kommen bestimmt wieder, weil es sie so beeindruckt hat. Und dann lassen sie später auch Geld in der Stadt. Jetzt zu meinem 100. Geburtstag war ich ja wieder oben auf der Jugendherberge. Da habe ich in einem der großen Säle am Fenster gestanden, dieser Blick die Elbe hinunter – überwältigend. Die Sonne schien und es war so herrlich. Da habe ich gedacht, das ist wirklich richtig gewesen, was wir damals gemacht haben.»

Paula Karpinski, die dem Hamburger Senat als Jugend- und zeitweise auch als Sportsenatorin elf Jahre angehört hat (von 1946–1953 und von 1957 bis 1961), ist spürbar mit sich im reinen. Als erste und einzige Frau im Senat hat sie zwar zunächst auf einsamem Posten gestanden, doch für ihre Überzeugungen und die von ihr durchgesetzten Errungenschaften hat sie immer gekämpft, auch noch, als sie schon über 90 Jahre alt war. Getreu ihrem Lebensmotto «Wir sind nicht auf der Welt, um es uns bequem zu machen, sondern wir müssen dafür sorgen, daß es vorwärts geht, daß wir etwas verändern!» Als sie 1989 in der Zeitung las, die Stadt liebäugele damit, die Elbhöhe am Stintfang für eine Hotelnutzung preiszugeben und die Jugendeinrichtungen von diesem Platz zu verbannen, schrieb sie einen Brandbrief an Bürgermeister Henning Voscherau:

«Man weiß heute, was wir damals nur vermuteten – daß bei Überlegungen über Firmenstandorte neben dem knallharten Finanzkalkül eben auch irrationale, in diesem Fall sentimentale Erinnerungen eine Rolle spielen können. Ich halte es deshalb für politisch extrem kurzsichtig, diese internationale Begegnungsstätte der Jugend allein aus merkantilen Gesichtspunkten zu opfern.» Als hätte sie die Strategen in Sachen hafennaher Grundstücksverwertung regelrecht entwaffnen müssen, setzte sie in Anspielung auf die damals besetzten Häuser in der Hamburger Hafenstraße noch einen drauf:

«Wollen wir wirklich vorexerzieren, daß die internationale Jugend keine Lobby hat und der Staatsmacht weichen muß, nur weil unsere ausländischen jugendlichen Besucher den Stintfang sicher nicht besetzen werden?»

Ihr Brief wirkte Wunder, die Umwandlungspläne waren vom Tisch, und Bürgermeister Voscherau gab Paula Karpinski das Versprechen, der Senat werde einer Vertreibung von Jugendeinrichtungen vom Stintfang auf keinen Fall zustimmen.

Paula Karpinskis Lebensweg erscheint wie eine Geschichte aus dem Bilderbuch der alten Sozialdemokratie. 1914, zu Beginn des Ersten Weltkriegs, als deutsche Soldaten voll naiver Begeisterung in den Krieg zogen und sich von jungen Frauen Blumen in die Gewehrläufe stekken ließen, ging Paula Karpinski als Sechzehnjährige von Haus zu Haus und sammelte Unterschriften gegen den Krieg. Fast erschrickt sie heute noch vor ihrer damaligen Courage als junges Mädchen: «Was die Leute wohl gedacht haben über mich? Damals war es mir selbstverständlich.» Und dann erzählt sie von den Prägungen eines materiell ärmlichen Elternhauses. Sie wohnte mit ihren

Eltern und ihren drei Geschwistern – ein Bruder fiel wenig später im Ersten Weltkrieg – in einer kleinen Zwei-Zimmer-Wohnung mit Küche im Arbeiterstadtteil Hammerbrook. Bei aller Kargheit hatten sich die Eltern immer einen Sinn für das wirklich Wichtige und für menschliche Werte bewahrt:

«In meinem Elternhaus wurde ja bereits viel über Politik geredet. Es kam regelmäßig das *Hamburger Echo*, die sozialdemokratische Tageszeitung, ins Haus, und jeden Abend las meine Mutter meinem Vater und denen, die da waren, meinen Geschwistern und mir, aus dem *Hamburger Echo* vor. Und es wurde immer das, was man las, auch besprochen, so daß man nachfragen konnte, was man nicht begriff. Meine Eltern waren beide in der Partei. Mein Vater war Hafenarbeiter, und er hat erst Lesen und Schreiben gelernt durch meine Mutter. Er kam vom Lande, hatte früh seinen Vater verloren und mußte als ältestes der Kinder Kühe hüten, um den Unterhalt der Familie ein bißchen aufzubessern. Meine Mutter kam aus der Klosterschule und war sehr intelligent. Wenn ich das heute rückblickend sehe, hätte sie nicht nur Hausfrau und Dienstmädchen zu sein brauchen, so gut wußte sie über viele Dinge Bescheid. Und das war eben mein Plus. Daß ich, wenn ich aus der Schule nach Hause kam, immer die Ansprechpartnerin in meiner Mutter hatte und alles nachfragen konnte, was ich nicht begriffen hatte. Das Verhältnis in der Familie war überhaupt gut. Bei uns wurde nicht geschlagen, sondern es wurde wirklich miteinander gesprochen, wenn man, wie Kinder nun mal sind, irgend etwas ausgefressen hatte. Was ich meiner Mutter auch hoch anrechne, ist, daß wir zu Weihnachten und zu jedem

Geburtstag, obwohl wir sehr wenig Geld hatten, immer ein Buch bekommen haben.»

Doch nicht überall waren Rat und Streben der Eltern ein Segen. Verlegene Wortlosigkeit breitete sich in vielen Arbeiterfamilien aus, wenn es um die Lust an der Lust ging, um Liebe, Sexualität und Verhütung. Deshalb konnte Sexualaufklärung zu einem Thema der Partei avancieren. Insbesondere Frauengruppen der SPD wurden mitunter zu Orten intimen Erfahrungsaustausches. Paula Karpinski beschreibt sich lachend als ein in jungen Jahren «sprödes Mädchen». Ganz genau will sie es aber nicht erklären, was dies für sie und Karl, ihre erste Liebe aus der Zeit des Jugendbunds, ihren späteren Mann und bereits lange verstorbenen Lebensgefährten, bedeutet hat. Aber sie erinnert sich noch genau an eine Frau aus Schweden, die in den zwanziger Jahren in Frauengruppen der Hamburger SPD auftrat, unter anderem in «Paula Henningsens unanständigem Verein», wie die Frauengruppe einer SPD-Bürgerschaftsabgeordneten im Parteijargon genannt wurde. Sie berichtete über Möglichkeiten der Schwangerschaftsverhütung, und die Frauen haben sogar im Selbstversuch lernen können, wie man Pessare einsetzt. «Sie meinte es gut, weil wir sehr viele Frauen hatten, die in Notzuständen waren, wenn sie wieder und wieder schwanger wurden.»

Heute fragt sich Paula Karpinski, ob solche Zirkel gutmeinender Laien mit geringem medizinischem Sachverstand nicht etwas verantwortungslos waren, «denn gegen die Verhütung der Schwangerschaft», meint sie sich zu erinnern, «gab es doch kein Gesetz, das das verbot. Das hätten doch wohl auch Ärzte machen können.»

Der Kampf für das Recht auf Familienplanung und Geburtenkontrolle und gegen das Abtreibungsverbot war in den Jahren der Weimarer Republik für die sozialistische Arbeiterjugend wie für die sozialdemokratischen Frauen ein wichtiges und zugleich hochstrittiges Thema, das mit der Zeit die Dimension eines Kulturkampfes annahm. Konservative und klerikale Zeitgenossen befürchteten bei entsprechenden Reformen einen sittlichen und moralischen Verfall und wähnten, daß Deutschland bei weiter sinkender Geburtenrate in einer nationalen Katastrophe versinken würde.

Paula Karpinski und ihre Weggefährten sahen eine ganz andere Katastrophe heraufziehen, den Nationalsozialismus. Mit der Parole «Stürzt die rote Zitadelle» waren die Nazis 1931 in den Bürgerschaftswahlkampf gezogen, aus dem sie mit 43 von 160 Mandaten kaum schwächer als die SPD hervorgingen. Paula Karpinski hat sich, den Ernst der Lage vor Augen, ein Jahr nach der Geburt ihres Sohnes als Kandidatin aufstellen lassen und wird gewählt. Sie zieht in ein Landesparlament ein, das zu einer geordneten parlamentarischen Arbeit kaum noch fähig ist, in dem Kampfentschlossenheit gegen den Kurs der Nationalsozialisten erklärt, aber kaum noch durch Gegenaktionen glaubhaft gemacht wird. Sie nimmt sogar noch im März 1933, fünf Wochen nach der Machtübernahme der NSDAP im Deutschen Reich, für die SPD ein Bürgerschaftsmandat an:

«Wir hatten ja noch einmal gewählt, und diejenigen, die sich da haben wählen lassen, waren natürlich von den Nazis besonders beobachtet. Mein Mann, der damals beim Arbeitsamt tätig war, wurde entlassen, weil ich mich nochmals hatte wählen lassen.»

Wie viele andere hatte Paula Karpinski gehofft, der Nazismus werde sich als ein vorübergehender böser Spuk erweisen:

«Wir hatten ja auch noch geglaubt, man kann was erreichen. Aber wir hatten ja keine Wirkungsmöglichkeiten mehr. Wir konnten doch nur mit den Menschen verkehren, zu denen wir größtes Vertrauen hatten.»

Wenige Wochen später wurde sie mit dem gesamten Hamburger Parteivorstand in der SPD-Zentrale in der Fehlandtstraße verhaftet:

«Die Nazis sind mit Pistolen in das Parteihaus gestürmt. Und dann wurden wir alle verhaftet und kamen in das berüchtigte Kommando zur besonderen Verwendung auf den Hohen Bleichen. Die haben dann immer einzelne von den Männern herausgeholt und mißhandelt. Karl Meitmann, dem Parteivorsitzenden, haben sie das Trommelfell kaputtgeschlagen, Adolph Schönfelder, der bis zur Machtübernahme der Nazis Polizeisenator war, haben sie den After zertreten.»

Paula Karpinskis Gesicht drückt auch fünfundsechzig Jahre danach noch immer Entsetzen angesichts der physischen Qualen und der Demütigung ihrer einstigen, inzwischen längst verstorbenen Genossen aus. Ihre eigenen mehrmaligen Haft- und Internierungszeiten, zuletzt vom August bis Oktober 1944 im KZ für politische Häftlinge in Hamburg-Fuhlsbüttel, vergißt sie darüber fast zu erwähnen.

Die Fähigkeit zum Einfühlen- und Mitfühlenkönnen hat Paula Karpinski schon früh entwickelt. Als 1913 die von ihrer Mutter abonnierte Zeitschrift *Die Gleichheit* zur Unterstützung streikender Weber im sächsischen Crimmitschau aufruft, opfert die Fünfzehnjährige den Inhalt ihres Spartopfes. «Diese Solidarität, fand ich damals, die war wunderbar und über viele Jahre eine Selbstverständlichkeit. Und die hat mich auch nicht verlassen, bis ins hohe Alter nicht.» Der Verein zur Förderung autistischer Kinder, ein Förderverein für die Kinder arbeitsloser Eltern, die Vereinigung für christlich-jüdische Zusammenarbeit und der Verein Naturschutzpark Lüneburger Heide werden von ihr regelmäßig mit Spenden bedacht. Käme heute ein Parteikassierer in ihre Wohnung, um für ein Projekt für Jugendliche zu sammeln, könnte wohl auch er mit einer stattlichen Spende aus ihrer Senatorinnenpension rechnen. Aber die Partei hat das Kassierersystem längst abgeschafft und zieht Mitgliedsbeiträge über Abbuchungsvollmachten ein. «Früher war das netter», sagt sie, «da erzählte einem der Kassierer auch mal, was im Parteidistrikt so passiert.» Nun hört sie zwar nichts mehr aus dem Distrikt, aber die Partei, mit der sie groß geworden ist, für die sie in den fünfziger Jahren mit der Hamburger Jugendpolitik bundesweit Maßstäbe für die öffentliche Kinder- und Jugendhilfe gesetzt hat und der sie nach ihrem Ausscheiden aus dem Senat 1961 noch weitere fünf Jahre als Bürgerschaftsabgeordnete gedient hat, liegt ihr noch immer am Herzen.

So hat sie auch der Wahlsieg der SPD bei der Bundestagswahl im Oktober 1998 euphorisch gestimmt:

«Ich habe bis nachts um zwei, bis es wirklich nichts mehr zu hören gab, am Fernseher gesessen. Ich empfand Freude und Jubel. Und ich kann nur sagen, ich wünsche Gerhard Schröder, daß er nun endlich das verwirklicht, was ihm lange doch ein Anliegen gewesen ist, daß er dafür sorgt, daß es denen, die erniedrigt und beleidigt sind, besser geht.»

Das ist erkennbar nicht die Sprache der «neuen Mitte». Schwingt in der Formulierung «was ihm lange doch ein Anliegen gewesen ist» vielleicht eine Mahnung mit, Schröder möge sich an seine eigenen früheren Positionen erinnern? Sie wird es nicht aufklären, denn Differenzen in der Partei gehören ihrem Verständnis nach nicht nach außen gekehrt. Da lebt sie noch in der Vorstellung von der Partei als einer verschworenen Werte- und Schicksalsgemeinschaft, und weiterhin muß, wer sich öffentlich gegen den Kurs der Partei stellt, mit einem Rüffel von ihr rechnen. Hiervon sind, bei allem Respekt, auch frühere Hamburger Bürgermeister nicht ausgenommen.

Auch wenn die große Politik nur noch selten leibhaftig in ihrer Wohnung erscheint – meist beschränkt sich prominenter Besuch des Bürgermeisters oder der Bürgerschaftspräsidentin auf ihren Geburtstag –, zeigt sich Paula Karpinski über das Zeitgeschehen und die Hamburger Politik immer noch gut informiert. Mit dem Konzept zum Umgang mit stark verhaltensauffälligen Jugendlichen, ein Thema, das die Zeitungen ihrer Stadt immer wieder traktieren, ist sie nicht einverstanden. Es ist ein ihr vertrauter Bereich, wo sie sich ein paar Widerworte erlaubt: «Ich kann einfach nicht begreifen, daß man glaubt, daß wenn man mit Jugendlichen große Reisen unternimmt, man ihren Charakter verändert. Man beeinflußt sie doch nur, wenn man dauerhaft mit ihnen zusammenlebt. Man muß sich schon mehr einfallen lassen und wirklich mit ihnen in Wohnheimen oder Jugendwohnungen, mit einer Betreuung rund um die Uhr, leben.»

Die Vorstellung, daß Erzieher dann am meisten für junge Menschen tun, wenn sie gar nichts tun, teilt sie ausdrücklich nicht. Doch wenn man ihr mit konkreten Lebensschicksalen glaubhaft machen könnte, daß Erlebnisreisen tatsächlich Erfolge haben und eine nachhaltige positive Persönlichkeitsveränderung bewirken, sie wäre gewiß bereit, ihr Urteil zu überprüfen.

Ganz sicher ist sie, daß die Emanzipation große Fortschritte gemacht hat.

«Die heutige Frau will ja nicht mehr festgelegt werden auf diese sozialen Themen. Das ist doch auch nicht nur das Gebiet der Frau. Was haben wir für tüchtige Juristinnen und Wirtschaftlerinnen! Ich bewundere auch die jungen Frauen, die heute oft in der Bürgerschaft reden. Das ist doch großartig, wie gut die ihre einzelnen Themen bearbeiten. Oder gucken Sie die Grünen an, was haben die alles in Bewegung gesetzt. Heute kann man wirklich sagen: alle Gebiete sind für Männer und Frauen möglich.»

Paula Karpinski schwärmt davon, wie sie soziale Gemeinschaft leben und genießen konnte:

«Ich war ja eigentlich lange Jahre sehr leistungsfähig und gesund gewesen. Und wir hatten lange Zeit einen großen Kreis, es waren manchmal 27 Personen, die bei mir in der Wohnung zusammenkamen. Wir haben zwar auch gut getafelt, mit Kaffee und Kuchen und gutem Abendbrot – manchmal hatten wir einen ganzen Schinken –, aber zwischen Kaffee und Abendbrot haben wir meist einen Spaziergang gemacht, hinaus in die Natur, hinaus in den Wald. Einer von uns war immer beauftragt, bei diesen Gelegenheiten über ein bestimmtes Thema zu sprechen. Erst wenn das alles vorbei war, haben wir dann abends noch gemütlich zusammengesessen bei einem Glas Wein, haben gesungen und aus der Jugendzeit erzählt.»

Sie vergleicht ihren Lebensweg mit anderen Schicksalen:

«Wenn ich bedenke, wie traurig manche Menschen, die ihr ganzes Leben manuell gearbeitet und dabei viel geleistet haben, ihren Lebensabend verbringen, dann bin ich einfach bevorzugt. Ich bin gut in der Familie verankert, ich bin bei den Kindern, Feste werden gefeiert, und kleine Gebrechen stellen sich schließlich bei jedem Menschen ein, wenn er älter wird.»

Wenn Paula Karpinski vom gemeinsamen Singen erzählt, geht der Blick in eine fast schon untergegangene Welt: «Gesungen haben wir die Arbeiterlieder und die Lieder aus der Jugendbewegung, *Wir sind jung, die Welt ist offen, Am Brunnen vor dem Tore* und so weiter. Oh, wir hatten gute Stimmen dabei und haben das alle auch gerne gehört.» Sie singt ein polnisches Kinderlied, das ihr von der Mutter in Erinnerung ist, und stimmt danach in einer Art Sprechgesang ein altes Tanzlied an: «Wir sind die nettesten kleinen Geishas aus Japan, gemütlich bei dem Tee trifft man uns an …» Sie wiegt sich auf ihrem Sofa und bietet Zugaben an. Von Hermann Claudius zum Beispiel das Gedicht «Achter'n Hollerbusch»:

Achter'n Hollerbusch,
achter'n Hollerbusch
dar staht un küßt sik twee.

De Maan kickt to,
as müch he wee'n.
dar steiht he nu
so heel alleen
un süüfzt.

Achter'n Hollerbusch,
achter'n Hollerbusch
dar staht un küßt sik twee.

Se staht un küßt sik
rein toveel.
De Maan de waarrt
för Arger geel.
Nu kiek!

Achter'n Hollerbusch,
achter'n Hollerbusch
dar staht un küßt sik twee.

Nu kiek! Se küßt sik
jümmer noch!
Wat schall'k mi doran
argern doch –
Laat jem!

Paula Karpinski lacht und freut sich, daß es ihr bis heute keine Mühe macht, Gedichte von der ersten bis zur letzten Strophe aus dem Stand vorzutragen. Laat jem, laß gut sein, was soll man sich ärgern, wenn sich zwei Menschen küssen. Daß es in derlei menschlichen Dingen vielleicht einen schmachtenden Dritten gibt – damit kann auch ihr Gerechtigkeitsideal leben.

Am 6. November 1999 hat Paula Karpinski ihren 102. Geburtstag gefeiert. Sie hat nicht nur Geschichten zu erzählen, sie hat Geschichte gemacht.

Rolf Kasiske

Quellennachweis

Ich wachte eigentlich erst auf, wenn ich gebeten wurde zu singen
Gertrude Schümann
Erschienen unter dem Titel: Der Lebensweg. In: Festschrift zum 100. Geburtstag von Gertrude Schümann am 1. Dezember 1998, hg. vom Freundeskreis der Schule Schlaffhorst-Andersen e.V., Celle 1998.
... und so fing alles an: Die Erfinderin der Einbauküche
Margarete Schütte-Lihotzky
Erschienen unter dem Titel: ... und so fing alles an. Margarete Schütte-Lihotzky, die Erfinderin der Einbauküche, erinnert sich. In: Süddeutsche Zeitung Magazin, No. 15, 16. 4. 1999.
«Im Nebel» aus: Hermann Hesse, Gesammelte Dichtungen © Suhrkamp Verlag, Frankfurt am Main 1952.

3655/2

Romane und Erzählungen

Julian Barnes
Flauberts Papagei *Roman*
(rororo 22133)
«Dieses Buch gehört zur Gattung der Glücksfälle.»
Süddeutsche Zeitung
Briefe aus London 1990-1995
(rororo 22128)
In fünfzehn Briefen aus London erzählt Barnes von Margaret Thatcher, John Major und Tony Blair und wirft vielsagende Blicke hinter die Kulissen von Lloyd's of London und über die Mauern des Buckingham-Palasts.
«Unglaublich witzig.»
Stuttgarter Nachrichten

Andre Dubus
Sie leben jetzt in Texas *Short Stories*
(rororo 13925)
«Seine Geschichten sind bewegend und tief empfunden.» *John Irving*

Erri De Luca
Die erste Nacht nach einem Mord *Erzählungen*
(rororo 22406)
Die Asche des Lebens
Erzählung
(rororo 22407)

Stewart O'Nan
Engel im Schnee *Roman*
(rororo 22363)
«Stewart O'Nans spannendes Erzählwerk ist zum Heulen traurig und voller Schönheit, seine Sprache genau und von bestechendem Charme. Die literarische Szene ist um einen exzellenten Erzähler reicher geworden.» *Der Spiegel*

rororo Literatur

Nicholas Shakespeare
Der Obrist und die Tänzerin
Roman
(rororo 22619)
«Ein spannender und poetischer Roman über Gewalt, Ethik und Liebe.»
Süddeutsche Zeitung

Alexandru Vona
Die vermauterten Fenster
Roman
(rororo 22459)
«Ein Jahrhundertwerk.»
Saarländischer Rundfunk

Daniel Douglas Wissmann
Dillingers Luftschiff *Roman*
(rororo 13923)
«Dillingers Luftschiff» ist eine romantische Liebesgeschichte und zugleich eine verrückte Komödie voll schrägem Witz, unbekümmert um die Grenzen zwischen Literatur und Unterhaltung.

Weitere Informationen in der **Rowohlt Revue**, kostenlos in Ihrer Buchhandlung oder im **Internet: www.rowohlt.de**

3287/8